나는
카지노에서
투자를
배웠다

최성락 지음

나는 카지노에서 투자를 배웠다

페이퍼로드
paperroad

투자를 배워본 적 없는
사람의 투자

나는 일 년에 한두 번씩 자산 상태를 점검한다. 보유한 주식과 부동산은 얼마인지, 현금 자산과 부채는 얼마나 있는지 계산한다. 이런 계산을 자주 할 필요는 없다. 부동산이든 주식이든 한두 달 사이에 가격이 크게 변하진 않는다. 하지만 6개월 정도 지나면 가격이 제법 변해 있다. 그러니 반년에 한 번 정도 자산과 부채를 점검해본다.

2018년 말, 자산 상태를 살피다가 깜짝 놀랐다. 20억 원이 넘었다. 총자산 얘기가 아니다. 부채를 제외한 순자산이 20억 원을 넘겼다. 좋기도 했지만, 당혹스럽기도 했다. 순자산이 20억 원을 넘었으니 당연히 나쁜 상태는 아니다. 하지만 이런 질문이 떠올랐다.

'대체 이게 어떻게 가능해진 걸까?'

나는 분명히 기억한다. 2008년에 내 자산은 당시 살던 집을 포함해 2~3억 원 수준이었다. 2011년도에야 처음으로 투자금 1억 원을 만들었다. 그로부터 채 8년이 지나지 않아 자산이 20억으로 불었다. 자산이 10억을 넘은 지도 몇 년 되지 않았다. 아마 3년 전쯤일 거다. 그런데 3년 사이에 10억이 20억이 된다는 것이 말이 되는 일인가?

다른 사람이 이런 말을 했다면 믿지 않았을지도 모른다. 허풍을 떤다고 무시했을 것이다. 그런데 내 경험이니 믿지 않을 수도 없다. 10년도 안 돼서 3~4억이 20억이 되다니, 누가 보면 내가 투자의 천재인줄 알겠다.

난 1억 원의 투자금을 마련한 후부터 본격적으로 투자를 시작했다. 주식을 사고, 가상화폐를 사고, 부동산을 사는 등 오를 것 같은 투자 상품을 계속 찾아서 구매했다. 내 주위의 친한 사람들은 내가 이렇게 투자하고 있다는 것을 안다. 그래서 가끔 투자에 대해 물어본다. 어떤 투자 상품이 좋은지, 투자를 어떻게 해야 하는지 등에 대해 질문하는 것이다.

하지만 나라고 확실한 투자의 정답을 아는 것은 아니다. 꼭 사면 오를 것 같은 투자 상품을 제대로 집어낼 혜안도 내게는 없다. 애초에 내가 사들인 투자 상품의 대부분은 가격이 오르지 않고 떨어졌다. 하지만 20억이라는 결과가 눈앞에 있으니, 이런 말 해봐야 아무도 믿지 않을 것이다. 그러니 내가 말할 수 있는 건 오직 지금까지의 내 경험뿐이다.

그런데 그렇게 경험을 말하다 보면 가장 먼저 떠오르는 것이 카지노에서의 기억이다.

◇◇◇

한때 나는 카지노에 다닌 적이 있다. 강원랜드인데, 지금 우리가 알고 있는 그 강원랜드는 아니다. 원래 강원랜드는 고한역 부근에서 개장했다가 사북역 부근으로 이전했다. 고한역 부근에 있던 곳을 소카지노라 불렀는데, 현재 사북역 옆의 정식 카지노가 개장하기 전 임시로 운영한 카지노였다. 내가 다닌 곳이 바로 이 소카지노다.

카지노라는 곳은 보통 돈을 잃는 곳으로 알려져 있고 실제로도 그렇다. 그런데 당시에 내가 얼마나 잃었느냐 하면, 잃지 않았다. 땄다. 가끔 잃은 적도 있지만, 대부분은 땄다. 이 시기에 나는 박사과정을 밟는 학생이었고 돈도 늘 부족했다. 그래서 카지노에서의 수익이 당시 내 생활비에 큰 도움이 됐다.

이후 정식 카지노가 개장되면서 나는 카지노를 더는 찾지 않게되었다. 이때의 카지노 경험이 나에게는 과거의 일로 지나간 줄 알았다. 그런데 2011년 이후 본격적으로 투자를 하면서 깨달았다. 카지노에서의 경험을 내가 알게 모르게 투자에 활용하고 있다는 것을.

나는 투자를 본격적으로 배워본 적이 없다. 날마다 투자에 모든 것을 퍼붓는 전업 투자자도 아니다. 그런데 투자에 대한 여러 가지 지식을 나도 모르게 적용하고, 활용하고 있었다.

어디서 배웠을까? 바로 카지노였다. 학생 시절 카지노에 다니면서 고민하고 연구했던 그것들이 나중에 투자를 할 때도 도움이 된 것이다.

다들 알고 있듯, 카지노에서는 대부분이 패자다. 몇 안 되는 성공한 사람조차 하나하나의 승패를 따지면 승보다는 패가 훨씬 많다. 운을 타고난 것처럼 대박을 터뜨린 사람도 게임을 계속하다 보면 언젠가는 돈을 잃는다. 하지만 패라고 해서 다 같은 패배는 아니다. 어떤 사람은 이어지는 패배에 흥분해서 더 열심히 카지노에 달려들어 나중에는 벗어날 수 없는 늪에 빠져버린다. 반면 계속되는 패배에 흔들리지 않고 그 속에서 승리의 가능성을 찾아내는 사람들도 있다. 승패야 어차피 운이지만 그 중에서도 확실한 운을 찾아 베팅하는 사람들이다. 그리고 이런 사람들은 크든 작든 어느 정도 수익을 내고 카지노를 나설 수 있다.

카지노에서는 베팅이 전부다. 베팅을 잘못하면 돈을 잃고, 베팅을 잘하면 돈을 번다. 투자도 그렇다. 투자는 상품에 돈을 걸고 돈을 버는 것이다. 잘못 투자하면 돈을 잃는다. 카지노와 투자는 전혀 다른 것 같지만, 돈을 걸고 돈을 버는 것이라는 점에서 다르지 않다.

타고난 운이나 반칙이 없다면 대부분 대박을 내지 못하는 점조차 유사하다.

더 중요한 것은 카지노든 투자든 돈을 다루면서 발생하는 심리 상태가 동일하다는 것이다. 카지노를 할 때 필요한 심리 상태와 투자를 할 때 필요한 심리 상태가 같았다. 그러니 나는 투자 방법과 투자 심리 두 가지 모두에 카지노의 교훈을 대입해왔던 셈이다.

◇ ◇ ◇

이야기를 시작하기 전에 한 가지는 짚고 넘어가자. 이 책에서 말하는 투자의 팁은 10억~20억 원 정도의 자금을 만들 때만 도움이 되는 이야기다. 그 이상의 돈을 모으는 비결을 지금의 나는 알지 못한다. 아니, 정확히 말해 나는 그 비결을 오늘도 하나씩 배워가고 있다.

간과하기 쉽지만, 사실 이건 중요한 이야기다. 사람들은 대부분 돈을 원하고, 그런 사람들은 책이든 사람이든 비결을 찾아 헤매기 마련이다. 앞서 길을 걸어간 사람의 이야기는 그 길을 걸어야 하는 사람의 입장에서는 분명 얻을 수 없는 귀중한 조언이긴 하다. 하지만 그 조언을 적용할 수 있을지 없을지는 전적으로 자기 자신에게 달려 있다. 맞지도 않는 조언을 자신에게 적용해본들 잃어버리는 건 자신의 돈과 자신감이다. 건강을 찾고 싶은 사람이 프로 마라톤 선수를 따라한다면, 그는 건강을 잃기는커녕 있던 건강도 해치고 만다. 반면 프로 마라톤 선수가 조깅하는 사람의 조언을 그대로 받아들인다면 그는 기록향상은 고사하고 갖고 있는 기록조차 지키지 못하고 만다.

반에서 5등을 하는 사람의 공부법과 반에서 1등을 하는 사람의 공부법은 다르다. 그러니 누군가 투자에서 성공했다는 이야기를 팁으로 받아들이기 위해서는 먼저 그 성공이 어느 정도 수준인지를 알아야 한다. 반에서 5등 하는 사람의 공부법은 반에서 10등 이하를 하는 사람에게는 도움이 된다. 하지만 반에서 2, 3등 하고 있는 사람에게 반에서 5등 하는 사람의 공부법은 아무런 도움이 안 된다. 2, 3등 하는 사람은 1등 하는 사람의 공부법을 배워야 한다. 단순히 상대방이 공부법을 이야기한다고 해서 거기에 무작정 귀를 기울이고 따라서는 안 된다.

투자도 마찬가지다. 50억 원, 100억 원을 목표로 하는 사람은 이책에서 말하는 팁이 별 도움이 안 될 것이다. 나는 50억 원이라는 돈을 본 적도 없다. 그 정도 돈을 만들기 위한 투자 방법은 나도 모른다. 여기서의 팁은 어디까지나 10억~20억 원 정도의 자금을 만드는 데 도움이 될 수 있는 팁이다.

그러면 이야기를 시작하겠다. 카지노에서 돈 버는 방법을 찾다가 자신도 모르게 투자하는 법까지 알게 된 이야기다. 조금 미화하자면, 패배를 거듭하면서도 그 패배 속에서 승리를 찾아낸 기억이라고 해도 좋겠다. 다만, 너무 과신하지는 말아주었으면 좋겠다. 투자에는 치밀한 분석과 전략이 필요하지만, 마지막 경우에는 결국 자신의 운이 작용한다. 그러니 이 책을 읽고 혹 성공하더라도 그건 이 책을 쓴 나의 덕이 아닌 이 책을 읽은 당신의 덕이다. 게다가 이 책을 읽고 팁을 적용하여 분석하고 전략을 세울 사람도 내가 아닌 바로 당신이다.

나는 그저 내가 겪었던 경험을 쓰고, 그것을 팁으로 정리했을 따름이다. 더도 덜도 말고 이 책이 당신에게 조금은 도움이 되었으면 좋겠다는 게 솔직한 내 심정이다. 아니, 그저 '이런 경우도 있구나'라는 정도로만 봐주어도 나는 충분히 감사를 느낄 것이다.

2019년 5월

최성락

제1강

투자든 카지노든,
지피지기면 백전백승

사고방식을 바꾸는
1억이라는 기준

1억 원 만들기와 10억 원 만들기

예전에 『나는 자기계발서를 읽고 벤츠를 샀다』(아템포, 2014)라는 책을 쓴 적이 있다. 2008년도에 SM3를 탔는데, 자기계발서에서 목표를 세우는 게 중요하다는 글을 읽으면서 '나도 벤츠를 사자'라는 목표를 세웠다. 1억 원을 만들어보기로 했고 2011년에 정말 1억 원이라는 돈을 만들었다.

이때 가장 필요한 건 저축, 그리고 열심히 일하는 것이었다. 월급 이외의 부가 수입을 위해서도 노력했다. 주식 등 투자도 하긴 했지만 큰 수익은 없었다. 그렇게 1억 원을 만드는 데 3년이 걸렸다.

1억 원이라는 돈을 만드는 건 정말로 중요하다고 생각한다. 돈 그 자체가 중요하다기보다는, 돈을 대하는 사고방식 자체가 바뀌기 때문이다. 1억 원이 만들어지기 전까지 돈의 사용처는 주로 소비였다. 자주 하는 생각도 '돈이 생기면 어디에 쓸까'였다. 수중에 백만 원이 생기면 '그동안 가지고 싶었던 시계나 옷, 액세서리 등을 살 텐데'라고 생각했다. 천만 원이 생긴다면 '유럽, 미국 등으로 해외여행을 갈까' 생각했다. 수천만 원을 만든다면 '차를 살까' 생각했다.

그런데 1억 원이라는 돈이 생기면 돈의 사용처가 달라진다. '그 돈을 어디에 쓸까'가 아니라, '어떻게 투자를 할까'를 더 생각하게 된다. 이 돈을 어디에 어떻게 사용하면 더 큰돈이 만들어질까? 주식에 투자할까? 부동산에 투자할까? 펀드는 어떨까?

1억 원을 만들기 전엔 그 돈으로 투자를 해야겠다는 생각은 하지 않았다. 벤츠를 사는 것이 목적이었다. 그런데 막상 돈이 만들어지자 그 돈을 단지 소비에 사용해버리는 것이 바보처럼 느껴졌다. 1억 원이라는 돈을 바탕으로 어떻게 투자를 할까가 더 중요해졌다. 그래서 1억 원을 만드는 것이 정말 중요하다고 생각한다. 소비자에서 투자자로 사고방식이 바뀌는 계기가 될 수 있기 때문이다.

그런데 문제는 '어떻게 투자를 해야 하는가'다. 1억 원을 만들기 전까진 저축하고 절약하고 더 많은 돈을 버는 것이 중요했다. 투자도 하긴 했지만 그것은 부차적이었다. 이제부터는 투자를 중점적으로 생각해야 한다. 그런데 어떻게 해야 하는 걸까? 저축, 절약, 더 많은 돈을 버는 건 그동안 계속해왔기 때문에 방법을 안다. 하지만 투자는 잘 모른다. 새로운 영역에 들어간 것이다.

요즘 재테크에서는 1억 원 만들기가 유행이다. 어떻게 하면 1억 원이라는 돈을 만들 수 있을까에 관한 이야기들이 유행한다. 하지만 어떤 이야기든 제시하는 건 대부분 절약, 저축이다. 통장을 여러 개 만들어 관리하고, 어떻게 해야 평소에 사용하는 돈을 줄여서 돈을 모을 수 있을까 얘기한다.

이런 방법으로 돈을 모을 수 있는 것은 1억 원까지다. 그 후로도 계속해서 이런 절약과 저축만으로 돈을 모을 순 없다. 나는 1억 원을 만들기까지 3년이 걸렸다. 그렇다면 10억 원을 만들기 위해서는 30년 가까이 걸린다는 뜻이다. 1억 원에 이자가 붙어서 좀 단축될 것 같지만, 1억 원의 1년 이자라 해봐야 300만 원이 채 안 된다. 평생 아끼고 아껴서 저축, 절약을 하며 수십 년을 보내본들, 나이 들어 얻는 건 서울에 있는 아파트 한 채 정도다. 물론 그것만으로도 충분히 훌륭하지만, 절약을 하며 1억 원을 모을 땐 적어도 지금보다 편안한 생활을 꿈꾸며 노력하는 게 아닐까. 평생 저축하고 아끼며 사는 게 인생의 목표가 될 수는 없는 법이다.

나는 2011년부터 본격적으로 투자를 시작했다. 1억 원이라는 돈, 소위 말해 종잣돈이 만들어졌기 때문에 이때부터 제대로 된 투자가 가능했다. 이전에는 투자를 한다고 해도 주식밖에 할 게 없었다. 몇 천만 원이라는 돈으로는 살 수 있는 게 주식밖에 없었기 때문이다. 하지만 1억 원이 만들어지자 선택지가 많아졌다. 거의 모든 투자 상품에 접근할 수 있게 됐고 선택할 수 있는 폭도 넓어졌다.

그런데 문제가 하나 있었다. 소비자에서 투자자로 사고방식이 바뀌고 투자 종잣돈도 마련했는데, 어떻게 해야 1억 원을 불릴 수 있을까라는 점이었다. 투자에 대한 지식이 필요했다. 그런데 그동안 제대로 투자를 한 적이 없기 때문에 아는 것이 적었다. 절약, 저축, 돈 모으기만 알고 투자에 대해서는 전혀 몰랐다. 이때부터 새로운 세상이 열리기 시작했다. 1억 원 만들기는 투자 세계로의 입문에 불과했다.

이전에도 주식을 하며 스스로 투자를 한다고 생각했지만, 수백만 원이나 기껏해야 1~2천만 원으로 투자하는 것과 1억 원으로 투자를 하는 건 완전히 다른 경험이었다. 그런데 이렇듯 본격적으로 투자를 하게 되면서, 학생 시절 겪었던 나의 카지노 경험이 실제 투자에 굉장히 큰 도움이 된다는 것을 느꼈다. 어떤 말을 수식어로 붙이든, 결국 투자에서 가장 중요한 건 이걸 지금 사야 하나 말아야 하나, 이걸 지금 팔아야 하나 말아야 하나를 결정하는 것이다. 그리고 이렇게 살까 말까, 팔까 말까를 결정하는 데 중요한 팁을 제공해주는 것이 바로 내가 카지노에 다녔을 때의 경험이었다.

2000년대 초반 강원랜드 카지노를 다닐 때 고민하고 또 고민했던 것. 어떤 카지노 게임을 해야 하나, 여기에서 베팅에 들어가야 하나, 말아야 하나, 지금 베팅을 포기해야 하나, 아니면 계속해야 하나, 베팅을 한다면 얼마를 해야 하나. 바로 그 고민들은 2011년 이후 투자하면서 했던 고민이었다. 카지노에서의 고민과 투자에서의 고민은 다르지 않았다.

100억 원, 꿈의 액수가 아니다

학생 시절 나는 카지노에서 일정한 수익을 얻곤 했다. 더도 말고 덜도 말고 딱 학생 신분이던 내가 생활비로 충당할 만큼의 소소한 돈이었다. 카지노에서는 베팅 한도가 있고 수익의 크기도 한도가 있다. 그런데 투자의 세계에서는 투자 한도와 수익의 한도 모두 존재하지 않는다. 그러니 투자에서의 수익이 카지노 수익보다 훨씬 더 클 수 있는 것이다.

힘들게 모은 1억 원의 자금으로 투자를 시작한 2011년에, 나는 이 돈을 앞으로 얼마나 불릴 수 있을지 확신할 수 없었다. 저축과 절약만을 알고 살던 내가 투자에 대해 어떤 장담을 할 수 있었겠는가. 그저 예전보다는 조금 낫겠지 하는 막연한 기대뿐이었다. 1억 원을 만드는 데 3년이 걸렸지만, 그 뒤 3년 동안에 얼마나 불어날지 상상하는 것도 불가능했다. 10억이라는 돈이 가까운 시일 내에 만들어질 거라는 발상은 상상이 아닌 망상에 불과하다고 여겼다.

그런데 정말 예상하지 못한 일이 발생했다. 10년도 안 돼 20억 원 자산이 만들어졌다. 투자는 1억 원 → 2억 원 → 3억 원 → 4억 원 → 5억 원 식으로 증가하는 저축과는 완전히 달랐다. 1억 원 → 2억 원 → 4억 원 → 8억 원 → 16억 원 식으로 증가하는 게임이었다. 이런 식이면 100억 원을 만드는 게 불가능한 것만은 아니라는 걸 느끼게 된다.

　내가 큰 실패 없이 계속 투자를 할 수 있었던 건 이전의 카지노 경험이 큰 도움을 줬기 때문이다. 이 경험은 특수한 경험이다. 일상생활에 도움이 될 것이라고 생각할 수 없는 종류의 것이다. 그런데 그렇지 않았다. **돈을 넣고 돈을 번다는 점에서 카지노와 투자는 비슷했다.** 지금부터 카지노에서의 경험이 어떻게 투자에 도움을 주었는지에 대한 이야기를 하려고 한다.

천국과 지옥을 가르는
3% 확률

마카오 카지노와 마틴게일 베팅

1999년 4월, 홍콩으로 여행을 갔었다. 고등학교 친구와 같이 했던 3박 4일의 여정이었다. 홍콩을 돌아다니다가 여행 3일째, 마카오에 갔다. 마카오는 아시아의 유명한 카지노 도시다. 나는 그전까진 한 번도 카지노에 가본 적이 없다. 영화에서나 봤지, 실제 카지노는 본 적도 없다. 그때만 해도 한국에 강원랜드 카지노가 생기기 전이었고, 유럽 몬테카를로나 미국 라스베이거스에 가지 않는 한 카지노를 직접 볼 일은 없었다. 그러니 목적도 그저 마카오 카지노에 한번 가보자는 게 전부였다. 마카오는 홍콩에서 페리를 타고 갈 수 있는 당일치기 여행지였다.

생전 처음 들어가 본 카지노는 정말 색다른 세계였다. 대부분의 게임들을 어떻게 하는 건지도 모르는 상태였기 때문에 돈을 걸 수는 없었다. 무엇보다 당시의 나는 돈 나올 데 없는 학생 신분이었다. 필수 여행비를 제외하고 남는 여유 자금 중 카지노에서 쓸 수 있는 돈은 5만 원 정도였다. 거의 전 재산인 이 5만 원을 재미삼아 아무 데나 걸 수는 없었다.

그렇게 돌아다니다가 보기만 해도 게임 방법을 알 수 있을 정도로 굉장히 쉽고 간단한 게임을 발견했다. 주사위 게임이었다. 이때는 이름을 몰랐다. 나중에 한국에 돌아와 카지노 게임들을 살펴보다가 알게 됐다. 다이사이 게임이었다. 게임이 워낙 간단하고 쉽다 보니 구경하다가 베팅을 하게 됐다. 가진 돈 5만 원 중 만 원씩 베팅했는데 따기도 했고 잃기도 했다. 재미있었다. 그리고 결국 다이사이 게임을 시작한 지 몇 십 분 내에 가지고 있던 5만 원을 모두 잃었다. 그렇지만 속상하진 않았다. 카지노에서는 모두가 돈을 잃는다. 도박을 하면 잃는 건 당연하다. 그걸 알고 한 것이니 속상해 할 것도 없다. 대신 카지노를 구경하고 카지노 게임을 직접 해봤으니 별 여한은 없다는 생각이었다.

하지만 저녁에 다시 페리를 타고 홍콩으로 돌아오는 길에 문득 한 가지 생각이 스쳐 지나갔다.

'만약 내가 다르게 베팅을 했다면 아까 전 카지노에서도 돈을 벌 수 있지 않았을까?'

내가 떠올린 생각은 이랬다. '같은 숫자에 계속해서 베팅을 하면 수익을 낼 수 있지 않을까'라는 것이다(자세한 게임 룰은 부록을 참고하라). 다이사이는 3개의 주사위 눈의 합으로 베팅을 하는 게임이다. 여러 가지 베팅법이 있지만 내가 떠올린 것은 大와 小에 거는 베팅법이었다. 주사위 눈의 합이 4~10인 경우가 小이고, 11 이상일 경우가 大다. 배당은 1배, 즉 건 만큼 따는 베팅법이다.

만약 첫 번째 다이사이에서 大가 나왔다고 하자. 지금은 大가 나왔지만 언젠가는 小가 분명히 나올 것이다. 그러니 小에 만 원을 베팅한다. 그런데 大가 또 나오면 만 원을 잃는다. 그러면 그다음에는 小에 2만 원을 베팅한다. 이번에 小가 나오면 2만 원을 번다. 이전 판에 만 원을 잃고 이번에 2만 원을 따니, 총 만 원 이익이다. 그런데 또 大가 나오면? 그러면 다시 小에 4만 원을 건다. 그랬는데 또 大가 나오면? 그러면 그다음에는 小에 8만 원을 건다. 계속 大만 나올 수는 없으니 언젠가는 반드시 小가 나올 것이다. 그러니 잃더라도 小가 나올 때까지 계속 베팅액을 늘리면 된다. 언젠간 이길 수 있고, 그동안 잃었던 모든 금액을 만회해서 이익을 얻을 수 있다!

나는 신이 나서 카지노 게임과 베팅에 대해 알아보기 시작했다. 그런데 알고 보니 이런 베팅법은 숨겨진 비밀이 아니라 상식적인 카지노 베팅법이었다. 베팅법에 이름도 붙어 있었다. '마틴게일 베팅 시스템'이라고 했다. 바람둥이로 유명한 카사노바도 자주 사용했던 유서 깊은 베팅법이다. 마카오 카지노에 갔다 온 날부터 마음속에 계속 미련이 남았다. 소위 말하는 마틴게일 기법을 이용하면 카지노에서 수익을 얻는 것이 가능할 것 같았다.

그런데 2000년 10월, 한국에 카지노가 생겼다. 강원도 고한역에 강원랜드가 들어섰다. 여기에 가서 그동안 생각했던 방법이 정말로 맞는지 시험해보기로 했다. 베팅 방법 등을 다시 한 번 점검하고, 2001년 2월, 나는 강원랜드에 첫 발을 디뎠다. 1박 2일 동안 카지노에서 시간을 보내면서 85만 원을 땄다. 그 이후 강원랜드를 갈 때마다 계속해서 베팅 방식을 조정했다. 2만 원-4만 원-8만 원-16만 원-32만 원이 아니라 1만 원-2만 원-4만 원-8만 원-16만 원으로 베팅하는 방법, 大와 小 중 한쪽이 다섯 번 연속이 아니라 여섯 번 연속으로 나온 이후부터 베팅을 시작하는 방법 등등 조금씩 변경을 줬다. 물론 '이대로만 하면 무조건 돈을 번다'는 절대적인 원칙을 찾진 못했다. 하지만 어쨌든 위험 속에서 계속 수익을 낼 수는 있었다.

한 번 갈 때마다 최소 30만 원, 최대 80만 원 정도의 수익을 얻었다. 보통은 60~70만 원 정도였다. 그런데 갈 때마다 항상 수익을 얻은 건 아니다. 네다섯 번 중 한 번은 30만 원 정도의 손실을 입었다. 그 정도의 손실을 입으면 그날은 게임을 접고 그 이상의 손해를 막았다. 왔다 갔다 할 때 드는 차비, 식비 등을 제외하고도 50만 원 정도의 수익이 생겼으니, 학생 신분에 적은 돈은 아니었다.

3%가 결정적인 차이를 만든다

강원랜드 카지노에 다니기 시작한 지 몇 주 지나자 다이사이 대신 빅휠 게임에 관심이 갔다. 빅휠은 큰 바퀴다. 여러 개로 칸이 나뉘어 있고 각 칸마다 숫자가 적혀 있다. 제일 위에는 가죽 띠가 있다. 큰 바퀴가 돌다가 멈출 때, 그 가죽 띠가 있는 칸에 적힌 숫자의 배수만큼 돈을 준다. 칸에 적힌 숫자는 1, 2, 3, 5, 10, 20, 40이다. 1이 나오면 1배를 더 주고, 5가 나오면 5배를 더 준다. 다이사이보다 훨씬 간명하고 쉽다.

그때까지 나는 50% 게임에 베팅을 하고 있었다. 大와 小에 베팅하는 다이사이가 바로 50% 확률의 게임이고 간간이 룰렛도 했다. 그런데 빅휠 게임에서 숫자 '1'에 베팅하는 것도 승률이 거의 50%였다. 빅휠의 모든 숫자, 1~40까지의 숫자는 모두 54개의 칸에 나뉘어 적혀 있고 그중에서 1은 24개이니 거의 50%다. 그동안 룰렛과 다이사이의 50% 게임만 했는데, 이날은 빅휠의 숫자 1에 거는 베팅도 추가했다. 그리고 다른 게임에서처럼 50% 확률로 나오는 1이 다섯 번 이상 나오지 않았을 때 1에 걸며 빅휠 게임을 시작했다.

빅휠을 게임에 추가한 날, 난 50만 원 이상을 잃었다. 한쪽으로 연속해서 열 번 이상 나오는 경우가 굉장히 잦았다. 이런 방식으로 게임을 하면 안 되는구나 생각하고, 더는 카지노에 오지 말아야겠다고 결심했다. 그런데 그날 서울로 돌아오는 기차 안에서 이상한 점을 떠올렸다. 보통 룰렛이나 다이사이는 열 번 이상 같은 쪽으로 나오는 경우가 많아야 1시간에 한 번 정도였다. 하지만 빅휠은 그 빈도가 굉장히 높았다. 돌이켜보면 이날 잃은 돈은 대부분 빅휠 때문이었다. 문득 떠오르는 생각이 있어 계산을 해보았다. 룰렛과 다이사이를 할 때 나는 보통 열 번째에 다른 숫자가 나올 때 돈을 벌 수 있도록 베팅을 했다. 그런데 빅휠은 열 번이 아닌 열한 번째가 룰렛에서의 열 번째와 같았다. 빅휠은 룰렛, 다이사이보다 베팅 한 번을 손해 보는 게임이었다.

이 차이는 굉장히 크다. 빅휠에서는 일곱 번 이상 1이 나오지 않을 때 들어가야 다른 게임과 결과가 비슷해진다. 그러니 다섯 번 나오지 않았을 때 들어가면 잃을 수밖에 없다. 이날 내가 큰돈을 잃은 건 당연한 일이었다. 다섯 번 베팅과 여섯 번 베팅은 엄청난 차이다. 32만 원 베팅이 64만 원 베팅으로, 준비해야 하는 돈이 70만 원에서 150만 원으로 바뀐다. 이후 나는 빅휠에서 손을 뗐다. 승률 3% 차이가 만들어낸 차이였다.

이때의 경험은 굉장히 충격적이었다. 모두 50%라고 얘기했지만 정확히 말해 룰렛의 확률은 47.36%, 빅휠은 44.44%다. 단지 3% 차이다. 일반인은 이 차이를 쉽게 느끼지 못한다. 별 차이 아니라고 무시하기 쉽고 처음 빅휠을 할 때 나도 그랬다. 그런데 아니다. 이 3% 차이가 돈을 벌 수 있는가, 분명히 잃는가를 결정한다. 단 한 번의 게임으로는 별 차이 못 느끼지만, 열 번 이상 게임을 계속하면 2~3%가 결정적인 차이를 만들어낸다.

이날 이후, 나는 돈과 관련된 숫자에 굉장히 민감해졌다. 이자율 3%와 5%는 액수로는 사실 큰 차이가 없을 수 있다. 어떤 회사의 이익률이 20%이든 23%든 그게 무슨 상관이냐고 생각할 수 있다. 그런데 투자나 도박으로 이루어지는 돈의 세계에서는 그렇지 않다. 누적으로 이루어지는 이 세계에서 2~3%는 최종적으로 수익과 손실을 가르는 결정적 지표다. *수익을 내려면 2~3%에도 민감해져야 한다.* 2~3%의 차이를 무시하고 똑같이 돈을 넣었다간 잃고 만다.

결코 돈을 벌 수 없는
카지노는 있다

카지노에 지다

처음에 나는 일주일에 한 번 정도 강원랜드 카지노에 갔다. 그 당시 강원랜드에 간다는 게 쉬운 일은 아니었다. 지금은 여주~태백 간 4차선 국도가 뚫려 서울에서 강원랜드까지 차로 약 세 시간 정도면 갈 수 있다. 하지만 2000년대 초반에는 4차선 국도가 없었고 2차선 도로만 있었다. 그것도 곧게 뺀 도로가 아니라 구불구불한 전형적인 지방 도로라서 차를 타고 강원랜드에 가려면 4시간 이상이 걸렸다. 당시 나는 박사과정 학생이라 정기적으로 1박 2일, 2박 3일 강원랜드에 이용할 만한 시간적 여유가 없었다. 돈 또한 없었다. 강원랜드에 가서 숙박비를 내면서까지 카지노 게임을 할 수도 없으니 아침에 가서 밤에 서울로 돌아오기로 했다. 강원랜드에 갈 땐 기차를 타고 갔다. 당일치기로 왕복 8시간 운전을 할 수는 없었다. 무엇보다 지방도로에서 운전을 4시간이나 하면 굉장히 지친다. 그런 상태에서 카지노 게임을 할 수는 없다. 그냥 즐기는 것이 목적이라면 모를까, 카지노에서 돈을 벌기 위해서는 심신이 맑아야 했다.

청량리역에서 고한역까지는 5시간이 걸렸다. 아침 8시에 청량리에서 기차를 타고 오후 1시 정도에 카지노에 도착한 뒤, 5시 기차를 타고 밤 10시에 청량리에 도착하는 일정을 소화했다.

물론 카지노에 다니기 시작한 초창기엔 밤을 새면서 1박 2일 있기도 했다. 당시에는 24시간 사우나가 있었다. 새벽까지 하다 졸리면 사우나에 들어가서 자고, 다음 날 아침 다시 카지노에 가곤 했다. 그런데 어쩌다 한 번이면 모를까, 한 달에 몇 번이나 사우나에서 쪽잠을 자는 건 힘들었다. 처음에야 카지노에 오랜 시간 있었지만, 곧 당일 일정으로 카지노에 다니면서 3~4시간 정도만 게임을 하다가 돌아왔다.

그렇게 한 1년 넘게 정기적으로 카지노에 다녔다. 그러다가 어느 순간 강원랜드 카지노에는 가지 않게 됐다. 그 이유는 세 가지였다. 첫 번째 이유는 박사과정을 수료하고 일을 하게 되면서 카지노 수익이 이전만큼 절실하지 않게 되었기 때문이다. 하루 3시간 동안 카지노에 있으면서 벌 수 있는 돈은 30만 원 정도, 1시간에 10만 원이 예상 수익인 셈이다. 학생 신분일 땐 이 정도 수익도 굉장히 크게 느껴졌다. 1시간에 10만 원, 하루에는 30만 원, 한 달이면 100만 원이 넘으니 학생의 생활비로 견줘보면 한 달에 네다섯 번 카지노에 다닐 만한 가치가 충분했다.

그런데 학생 신분을 벗어나자마자 이런저런 일을 하게 됐다. 강의를 다니고 프로젝트에 참여했다. 비정규직이나마 어딘가에 소속이 되기도 했다. 그러면서 카지노에 다닐 시간도 없어지고, 무엇보다 한 달 수익 100만 원이라는 돈이 그렇게까지 급박하게 필요하진 않게 됐다. 카지노 수입이 절실하지 않게 되면서 카지노에 가는 발걸음도 점차 줄어들었다.

두 번째 이유는 카지노에 다니는 게 정신적으로 힘들어졌기 때문이다. 카지노는 우아하게 게임을 하면서 쉽게 돈을 버는 곳이 아니다. 꾸준히 돈을 벌기 위해서는 엄청난 스트레스 속에서 게임을 해야 한다. 난 재미를 위해 카지노에 가지 않았다. 자신의 운을 믿고 엄청난 모험을 하려고 간 것도 아니다. 나는 돈을 벌기 위해 카지노에 간 것이다. 그러니 빨강이 나오길 기대하며 베팅했는데 검정이 나오면 '아 재수가 없네'라고 씩 웃으며 넘길 수 없다. 내가 하는 건 1-2-4-8-16-32, 또는 2-4-8-16-32-64 베팅이다. 이때 원하는 순간에 빨강이 나오지 않으면 5번 베팅에 61만 원을 날린다. 언젠가 빨강이 나오기는 하겠지만 그래도 100% 확신할 순 없다. 실제로 몇 주에 한 번씩은 끔찍한 사태 - 이를테면 검정이 연속해서 12번 이상 나오는 일 - 가 발생해서 지옥을 경험해야 했다. '어떻게 하지,

이번에도 32만 원을 베팅해야 하나. 16만 원으로 줄일까. 이번은 그냥 베팅하지 말고 넘어갈까'라며 계속 갈등하고 고민했다. 32만 원을 베팅했는데도 계속 검정이 나오면 패닉이 된다. 그다음에는 64만 원을 베팅해야 하는데, 정말로 베팅을 해야 할지 도망가야 할지 결론을 내릴 수 없는 고통에 빠진다.

사실 나는 카지노에 졌다. 그 심리적 압박을 견디기 힘들었다. 마지막에는 룰렛에서 공이 움직이는 소리도 무서웠다. 다이사이에서 주사위가 굴러가는 소리도 무서웠다. 마음이 점점 견디지 못한다는 것을 느꼈다. 돈 수십만 원보다 마음의 평화를 위해 더는 카지노에 가지 않겠다는 생각을 하게 됐다.

안녕, 카지노

하지만 강원랜드 카지노에 가지 않게 된 결정적인 이유는 강원랜드 대카지노의 개장이었다. 아무리 다른 수입이 생겨 카지노 수입 정도는 중요해지지 않게 됐다고 해도, 룰렛 굴러가는 소리를 무서워할 정도로 마음이 힘들다고 해도, 어쨌든 카지노에 가면 수익이 생기니 아예 발을 끊긴 힘들었다. 방문하는 빈도는 줄어도, 돈이 필요할 때마다 찾아갔다. 그런데 강원랜드 대카지노가 정식으로 개장하면서 더는 갈 필요가 없게 됐다. 고한 카지노가 정식 사북 카지노로 바뀌면서 베팅 한도가 변경됐기 때문이다. 고한 카지노의 1인당 베팅 한도는 30만 원이었다. 하지만 조금씩 더 베팅할 수 있는 방법이 존재했다.

그런데 사북 카지노가 정식 개장하면서 1인당 베팅 한도가 10만 원으로 바뀌었다. 카지노에서 10만 원 베팅 한도로는 뭘 어떻게 해볼 수가 없다. 카지노 베팅 전략의 기본은 마틴게일 방법이다. 1-2-4-8-16으로 베팅을 하려 해도, 다섯 번 만에 베팅 한도를 넘으니 네 번까지밖에 베팅을 하지 못한다. 베팅을 10, 10 둘로 나눠서 한다고 해도 20만 원이 한도이다. 그 이상의 금액을 베팅하면 딜러도 금방 안다. 베팅 한도가 30만 원일 땐 어떻게든 버틸 수 있었다. 하지만 10만 원 베팅 한도에서는 정말 아무런 베팅 전략도 사용할 수 없다. 이 경우에는 베팅 금액을 만 원에서 시작하는 것이 아니라 천 원, 오천 원으로 시작하는 방법이 있긴 하다. 하지만 강원랜드는 그것도 불가능했다. 테이블 게임의 최저 베팅 한도는 보통 만 원이다. 그리고 처음에 천 원을 베팅하면 수익도 천 원이다. 하루 30만 원 수입이 하루 3만 원이 되어버린다. 3만 원을 벌기 위해 강원랜드에 가는 건 바보짓이다.

적어도 나에게는 강원랜드 카지노에서 꾸준히 수익을 얻는 것이 불가능해졌다. 몇몇 테이블에서 30만 원 한도가 인정되긴 했다. 그런데 이전에는 1인당 30만 원 한도였는데, 이제는 한 자리당 30만 원 한도가 됐다. 같은 테이블에 앉아 있는 다른 사람의 베팅액과 합했을 때 30만 원을 넘지 못한다는 이야기다. 이러면 내가 1-2-4-8-16-32의 베팅을 차례대로 하는 것이 불가능하다. '그래도 참고 카지노에 가볼까' 고민할 것도 없다. 그 뒤 강원랜드를 가지 않게 됐고, 당연히 카지도 게임도 하지 않게 됐다.

1년 반 이상 강원랜드 카지노에 다니면서 어쨌든 돈은 벌었다. 돈이 없던 박사과정 학생 시절 생활비를 감당하게 해준 고마운 곳이다. 카지노에 다닌 일은 이렇게 과거의 추억이 됐다.

투자자라면
카지노 도박사를 닮아야 한다

카지노 도박사는 오늘 돈을 벌었다고 기뻐하지 않는다

카지노 도박사라는 직업이 있다. 말 그대로 카지노에서 도박을 하면서 살아가는 사람들이다. 이들에게 게임은 직업이다. 쉽게 말해 카지노에서 생활비를 벌어먹고 사는 사람들이다.

일반인들이 매일매일 직장에 나가듯 카지노 도박사들도 매일매일 카지노로 출근한다. 그리고 하루에도 몇 시간 동안 카지노에서 게임을 하고 돈을 번다. 자기 나름대로 주말에는 정기적으로 쉬기도 하고, 휴가를 갖기도 한다. 어쨌든 계속해서 카지노에 다니며 돈을 벌고, 그 돈으로 생활비를 충당한다.

카지노 도박사는 전 세계에 약 2만 명이 있는 것으로 추정된다. 이 중 많은 이들이 라스베이거스를 거점으로 삼고 있다. 라스베이거스야 워낙 카지노가 많다 보니 카지노 도박사가 카지노 게임 하는 곳을 선택하기도 쉽다. 이들은 자기와 분위기가 맞는 곳을 골라 게임을 하고, 지겨워지면 다른 카지노로 이동한다.

카지노 도박사 이외에 프로 도박사도 있다. 프로 도박사와 카지노 도박사는 상당히 다르다. 프로 도박사는 포커 같은 게임을 한다. 큰 포커 게임에서는 승자에게 수억 원의 상금이 지급되기도 한다. 사람들은 이 상금을 받기 위해서, 또 포커 챔피언이라는 명성을 얻기 위해서 게임에 참여한다. 이런 게임에 참가해서 상금만으로 먹고 살아가는 사람들이 프로 도박사다. 이런 프로 도박사들은 나름 유명인이다. 상금이 높은 포커 게임에서 우승을 해 유명해지고, 상금 액수로도 유명해진다. 그래서 프로 도박사들은 자랑스럽게 자기 신분을 공개하고 유명세를 탄다. 이 세상은 포커만 잘해도 먹고 살 수 있게 되어 있다.

그런데 카지노 도박사는 프로 도박사와 다르다. 카지노 도박사는 포커처럼 상대방과 승부를 겨루는 게임이나 토너먼트를 통해 준결승, 결승에 올라가는 식의 게임 경기를 하지 않는다. 단지 카지노에서 게임만 한다. 그것도 룰렛, 블랙잭 등 전통적인 카지노 게임을 하면서 수익을 얻는다. 룰렛 게임 같은 경우 전략적으로 상대방을 이기는 방식이랄 것이 없다. 따라서 챔피언이라는 것도 존재하지 않는다. 즉, 카지노 도박사는 아무리 성공해도 세상에서 유명세를 타는 일이 없다.

카지노 도박사가 사람들에게 자신이 알려지는 걸 바라지 않는 측면도 있다. 많은 카지노들이 카지노 도박사를 반기지 않는다. 카지노는 돈을 벌기 위해 만든 곳이다. 그런데 카지노 도박사가 자기 카지노에 와서 계속 돈을 따가기만 하면 곤란하다. 카지노는 항상 큰돈을 따기만 하는 사람을 블랙리스트에 올리고 더 이상 자기 카지노에 들어오지 못하게 한다. 카지노로부터 입장 금지를 당하면 카지노 도박사는 생계가 어려워질 것이다. 그래서 그들은 자기가 알려지는 것을 원치 않는다.

또한 카지노 도박사는 한 카지노에만 다니지 않고 다양한 카지노를 순회한다. 라스베이거스에 카지노 도박사가 많은 건 그런 이유도 있다. 다른 지역에는 카지노가 몇 곳 없어 카지노 도박사의 얼굴이 금세 카지노 측에 알려진다. 그러면 언제 출입금지를 당할지 모른다. 반면 라스베이거스에는 워낙 카지노가 많기 때문에 한 곳에서 지나치게 큰돈을 벌지만 않으면 대부분의 카지노는 크게 문제 삼지 않는다. 라스베이거스에서는 출입금지 당할지 모른다는 걱정 없이 계속 카지노에 다닐 수 있다.

많은 사람들이 카지노 도박사를 화려한 삶을 사는 사람들로 생각한다. 예를 들면 이런 식이다. 카지노 도박사는 카지노에만 가면 엄청난 돈을 벌 수 있다. 카지노에서 벌어들인 돈으로 내키는 대로 살아가고, 그러다 돈이 떨어지면 다시 카지노에 가서 돈을 긁어모은

다. 그러니 이들은 아무런 돈 걱정 없이 세상을 자유로이 살아가지 않을까. 매일매일 술 마시고, 돈을 뿌리듯 쓰고, 방탕한 생활을 해도 아무런 문제없지 않을까. 보통 사람과 달리 카지노에서 돈 버는 방법을 알고 있는 사람들이니까. 맘 내킬 때마다 얼마든지 돈을 꺼낼 수 있는 지갑을 가진 사람들이니까.

하지만 실제 카지노 도박사들의 삶은 그렇지 않다. 그들은 매일매일 성실하게 출근하듯 카지노에 간다. 카지노는 심리 게임이다. 전날 폭음을 해서 아침에 상태가 안 좋으면 그날 카지노에서 수익을 얻기 어렵다는 걸 이 사람들은 아주 잘 알고 있다. 직장에 다니는 사람은 전날 폭음을 해서 아침에 늦게 출근하거나 아침에 일을 제대로 안 해도 월급을 받는다. 하지만 카지노 도박사는 전날 늦게까지 방탕하게 놀면 이튿날 수익을 얻기 힘들어진다. 그래서 카지노 도박사는 오히려 일반 직장인보다 더 절제하는 생활을 한다.

게다가 카지노 도박사가 카지노에서 돈을 번다고 해서 큰돈을 쓸어 담는 것도 아니다. 카지노 도박사는 카지노 게임을 하면서 한 번에 수천, 수억 원을 벌려고 하지 않는다. 카지노에서 계속해서 큰돈을 번다는 것이 거의 불가능하다는 걸 잘 알고 있거니와 그렇게 해본들 카지노에 찍혀 출입만 더 어려워진다. 한두 번 대박을 내는 정도야 가능할지 모르지만, 그렇게 어쩌다 번 돈이 연 생활비를 충당할 만큼 거금인 경우도 거의 없다.

카지노 도박사는 하루에 10만 원~20만 원 정도의 수익을 목표로 삼는다. 하루 10만 원이면 한 달 300만 원, 연봉으로 따지면 3천6백만 원이다. 카지노 도박 수입은 세금을 떼는 것도 아니기 때문에 이 정도면 웬만한 직장보다 수입이 낫다고도 할 수 있겠다. 매일매일 꾸준하게 카지노에 다니며 하루에 10만 원~20만 원 정도 돈을 버는 것. 그것이 카지노 도박사의 실제 생활이다.

그저 매일 성실하게 투자할 뿐이다

투자자의 생활도 카지노 도박사와 비슷하다. 투자자가 큰돈을 벌었다고 해서, 돈을 팍팍 쓰고, 놀러 다니고, 매일 고급술만 마시진 않는다. 워렌 버핏은 세계 제일의 투자자이지만 성실한 생활 습관으로도 유명하다. 그는 날마다 회사에 가서 보고서를 읽는다. 그 정도 돈이 많으면 방탕하게 살 법한데 전혀 그렇지 않다.

그런데 이런 생활 습관은 워렌 버핏뿐 아니라 성공한 다른 투자자에게서도 흔히 볼 수 있다. 투자자가 좋은 사람, 착한 사람, 성실하고 사치를 싫어하는 사람이라서가 아니다. 술 취한 상태 혹은 술에서 완전히 깨지 않은 상태에서 투자 의사결정을 하면 안 되기 때문이다. 한참 방탕하게 놀고 들어온 상태로는 제대로 된 의사결정을 내릴 수 없다. 정신이 온전하지 않은 상태에서 투자 결정을 하고 투자를 하면 반드시 문제가 생긴다. 그냥 후회하는 정도가 아니라 실제로 큰돈이 날아간다.

마음 놓고 놀 수 있는 때는 하나의 투자가 완전히 끝나고 정리되었을 때뿐이다. 살까 말까, 팔까 말까를 고민하는 동안에는 다른 일을 하는 게 힘들다. 투자가 마무리 되고 결과도 좋게 나왔을 때, 그제야 마음을 놓을 수 있다. 큰돈을 벌었다고 환호하면서 주위에 자랑하고 한턱을 내고, 돈을 펑펑 써대는 투자자는 진지하게 투자를 하는 사람이 아니다. 이들은 투자로 꾸준히 돈을 버는 사람이라기보다는 그냥 어쩌다가 한번 투자해본 사람인 경우가 대부분이다.

어쩌다 카지노에 놀러가서 돈을 딴 사람은 정말 즐거워하며 자랑한다. 하지만 날마다 돈을 벌어야 하는 카지노 도박사는 오늘 돈을 벌었다고 기뻐하지 않는다. 투자자도 마찬가지다. 오늘 내가 투자한 곳의 가치가 올라서 돈을 벌었다고 자랑하지 않는다. 오늘은 벌었지만 내일은 어떻게 될지 모르며, 오늘의 성공이 내일의 성공을 보장하지 못한다는 것을 잘 알기 때문이다. **투자자는 그저 매일 매일 투자를 생각하며 지금의 페이스를 계속 유지할 뿐이다.** 그래야만 투자에서 지속적으로 수익을 올릴 수 있으니까.

사기일 것이라는
두려움에 빠지지 말라

사기일 것이라는 생각을 버려야 한다

─────────────────

이전에는 많은 사람들이 카지노에 대해 부정적인 인식을 가지고 있었다. 사람을 속이고 협박하고, 범죄를 저지르고, 마피아와 연결되어 있는 등 사회악적인 존재라고 생각했다. 지금도 카지노를 부정적으로 보는 사람들이 많지만, 그래도 한국에 강원랜드가 들어선 이후 부정적인 인식이 많이 감소됐다. 강원랜드도 없던 시절, 사람들이 카지노를 접할 기회가 없었을 때에는 카지노, 특히 마카오 카지노는 그야말로 범죄 기업이라는 인식이 강했다. 1999년 내가 마카오 카지노에 갔을 때는 나도 카지노를 범죄 집단 비슷하게 생각했다. 마카오가 마피아로 유명하기도 했고, 카지노가 게이머를 속이거나 사기를 쳐서 돈을 번다고 생각했기 때문이다. 그래서 처음엔 카지노 게임을 하면서도 소극적이었다. 게임을 하면 사기를 당해 돈을 잃는 것이 당연하다는 마음도 있었다.

그래서 처음에 다이사이 게임을 할 때, 나는 사람들이 적게 베팅한 곳만 골라 베팅을 했다. 大나 小 둘 중에서 大에 베팅한 금액이 많으면 小에 베팅했고, 小에 돈이 수북이 쌓여 있으면 나는 大에 베팅했다. 다이사이 게임은 주사위 3개를 던져서 나온 눈금의 합에 따라 결과가 정해진다. 그런데 마카오의 다이사이 게임은 주사위가 굴러가는 것이 보이지 않는다. 주사위를 굴리기 전에 상자를 씌우고, 주사위가 멈춘 뒤에야 상자를 벗기기 때문에 주사위가 굴러가는 과정이 보이지 않는다. 사람들은 주사위를 던지기 전의 모습과 주사위를 던지고 난 후의 모습만 볼 수 있다.

내가 사람들이 적게 베팅한 곳만 골라 베팅한 이유는 간단하다. 나는 마카오의 다이사이 게임을 사기라고 생각했다. 카지노가 돈을 벌기 위해 더 많은 돈이 걸려 있는 쪽을 지게 하도록 주사위 눈금을 조작한다고 생각했다. 사람들이 베팅하는 걸 보고, 적게 베팅한 쪽을 이기게 하고 많이 베팅한 쪽을 지게 하는 눈금 합이 나오도록 보이지 않게 주사위를 조작하는 줄 알았다.

그래서 돈이 적게 걸린 쪽에 베팅을 한 것이다. 그러면 돈을 벌수 있을 거라고 생각했다. 실제로 이런 식으로 베팅을 해서 처음에는 돈을 조금 벌었다. 5만 원을 들고 시작했는데, 만 원씩 베팅해서 8만 원까지 돈을 땄다. 그러나 계속 카지노 게임들을 구경하다 보니, 이게 얼마나 바보 같은 생각인지 알게 됐다. 카지노는 다이사이 게임에서 사기를 치지 않는다. 카지노가 게이머를 속이지 않는 도덕적인 곳이라서가 아니다. 사기를 칠 필요가 없기 때문이다. 사기를 치는 이유는 돈을 벌기 위해서다. 하지만 카지노는 게이머에게 사기를 치지 않아도 충분히 돈을 벌 수 있기 때문에 어렵게 사기를 칠 필요가 없다.

다이사이에서 카지노는 보통 게이머와 50:50의 게임을 한다. 그런데 카지노가 모든 판돈을 다 쓸어가는 경우가 있다. 1-1-1, 2-2-2, 3-3-3, 4-4-4, 5-5-5, 6-6-6으로 주사위 3개에서 모두 같은 숫자가 나오면 모든 판돈을 카지노가 가져간다. 이 돈은 굉장히 큰 액수다. 내가 마카오 카지노에 있는 몇 시간 동안 이렇게 모든 주사위가 다 똑같이 나온 경우는 딱 한 번뿐이었다. 그런데 그 한 번에 가져간 돈이 어마어마했다. 보통 때는 大에 건 돈을 카지노가 딴다고 해도 小에 건 사람에게 돈을 돌려주어야 한다. 그러니 카지노가 사기를 치더라도 베팅액의 차액만을 챙길 수 있다. 만약 大에 걸린 돈이 100만 원이고 小에 걸린 돈이 80만 원이고 카지노는 적은 돈이 걸려 있는 小가 나오도록 주사위를 조작했다고 하자. 그러면 大에서 100만 원을 거두고 小에 건 사람에게 80만 원을 돌려줘야 하니 카지노로서는 20만 원 이익이다. 사기를 10번 친다고 하면 200만 원 이익이다. 하지만 만약 1-1-1 식으로 주사위 3개가 같은 숫자가 나오면 大, 小에 걸린 돈 모두 가져가니 180만 원 이익이다. 사기를 열 번 친 이익과 사기 없이 그냥 게임을 했을 때의 이익이 비슷하다. 주사위 사기를 치려면 수북이 쌓인 베팅액이 각각 얼마인가 그때그때 체크하고, 주사위 눈금 숫자를 무엇으로 정할지 매번 판단하고, 정교한 컴퓨터 시스템 혹은 사기 시스템을 만들어 주사위를 움직여야 한다. 그 과정에서 한 번이라도 게이머에게 들키거나 의심만 사도 그 카지노는 끝장이다. 그러니 카지노는 다이사이에서 사기를 치지 않는다. 꼭 사기를 치지 않아도 충분한 수익을 얻을 수 있기 때문이다.

룰렛도 마찬가지다. 영화나 드라마를 보면 딜러가 마치 자기 의지대로 룰렛의 공을 움직일 수 있는 것처럼 보인다. 주인공이 검정 13번에 돈을 걸면, 딜러가 검정 13에 공을 떨어뜨려 돈을 벌게 해준다. 하지만 막상 룰렛의 공이 굴러가서 떨어지는 걸 관찰하면, 그것이 얼마나 어이없는 이야기인지 바로 알 수 있다. 룰렛의 회전판과 공은 사람이 의도적으로 조종할 수 있을 정도로 느리게 움직이지 않는다. 전체 회전판 중 어디쯤일 것이라고 예측하는 것은 몰라도, '13번이다', '27번이다' 식으로 예측하는 건 불가능한 일이다. 그리고 카지노도 일부러 게이머를 속일 필요가 없다. 어렵게 속이지 않아도, 0, 00이 나오면 카지노가 모든 판돈을 쓸어간다. 38개의 숫자 중 2개, 그러니까 1/19의 확률로 모든 판돈을 가져간다. 애초에 쉽게 돈을 벌 수 있는데 왜 어렵게 사기를 쳐야 할까? 한 판에 수십억 원, 수백억 원이 걸린 거대한 판이라면 몰라도, 한 판에 수백만 원, 수천만 원짜리 판에서 카지노가 위험을 감수하며 사기를 칠 이유는 전혀 없다.

나는 여기서 카지노의 도덕성을 옹호하려고 이런 글을 쓰는 게 아니다. 사기를 치느냐, 치지 않느냐가 게이머 쪽에서 중요한 이유는 카지노의 사기 여부에 따라 게이머의 베팅 전략이 완전히 달라지기 때문이다. 극단적으로 말해, 만약 사기를 치는 카지노가 있다면, 그런 카지노에서 도박사는 오히려 돈을 벌어들인다. 다이사이나 룰렛의 경우, 카지노가 사기를 친다고 생각하면 사기의 동기와 방법을 생각하고 그에 따라 베팅을 할 수 있다. 나는 다이사이에서 카지노가 사기를 친다고 생각했기 때문에 판돈이 적게 걸린 쪽에 베팅했다. 하지만 사기가 아니라고 생각하면 그런 방법으로 베팅하면 안 된다. 지금까지 나온 결과에 충실하게 베팅해야 한다.

자료만 잘 살펴도 사기를 피한다

주식과 부동산도 마찬가지다. 많은 사람들이 주식과 부동산에 사기가 만연하다고 생각한다. 코스닥 시장은 작전주, 시세 조작, 차트

조작, 언론 조작 등 수많은 사기 행위로 인해 주가가 폭등하고 폭락한다. 그래서 작전주를 예측하는 방법, 조작된 차트에 대응하는 방법 등의 투자법도 있다.

그런데 정말로 사기가 많을까? 나는 주식, 부동산에 사기가 있다는 것을 부정하진 않는다. 실제 거래에서 '이건 사기다. 당했다'라고 느낀 적도 많다. 하지만 대부분의 거래, 추세, 경향을 사기라고 보면 안 된다. 사기라는 전제를 깔아놓으면 자꾸 그 이면, 동기, 방법 등에 대해 생각하게 된다. 주어져 있는 지표, 자료가 아니라 그 뒤의 무언가를 자꾸 고려한다. 공개되고 발표된 지표를 보지 않고 숨겨져 있는 무언가를 탐색한다. 공개된 자료를 믿는 바보 같은 사람과 달리, 그 속에 숨겨진 의미를 찾는 자신이 훨씬 더 똑똑하고 훌륭한 사람 같다고 느끼기도 한다.

그렇게 해서 높은 수익을 올릴 수 있다면 그것도 괜찮다. 하지만 적어도 나는, 상대방이 사기를 친다고 가정하고 거래를 했을 때 높은 수익을 올린 적이 전혀 없다. 주식과 부동산 거래에서 누군가 사기를 친다고 생각하면 그 거래는 잘 이루어지지 않는다.

그러니 차라리 아무도 사기를 치지 않는다고 생각하라. 그러면 어렵게 뒷이야기, 숨겨진 이야기를 찾지 않아도 되고, 주어진 자료만을 참고하는 것으로 충분하다. 그러다가 진짜로 사기당한다고? 그렇지 않다. 사실 주식이나 부동산은 있는 자료만 잘 살펴봐도 사기를 피할 수 있다. 그러니까 상대방이 사기를 친다고 생각해서 거래를 피하는 것이 아니라, 자료가 이상하기 때문에 거래를 하지 않게 된다. 복잡한 인간 심리와 출처도 불확실한 정보를 찾아가며 힘들게 이 거래가 사기인지 아닌지 따져볼 필요는 전혀 없다. 애초에 주식이든 부동산이든 공개된 자료가 너무 많아 그 자료들도 제대로 보지 못한다. 그러니 공개된 자료만 봐도 충분하다. 일부러 상대방이 사기를 치는 것이 아닐까를 고민하고 숨겨진 정보를 찾기 위해 노력할 필요는 없다. 주식 시장과 부동산 시장이 사기에 휘둘리지 않는다고 믿어야 한다. 그러면서 시장에서 실제 발생하는 사소한 사기들은 무시해야 한다. 그래야만 적절한 투자, 전략적인 투자를 할 수 있다.

카지노는 과거를,
투자는 미래를 더 중요시한다

카지노에서 투자 세계로 이동한 사람들

카지노 계에 에드워드 소프Edward Thorp라는 유명인이 있다. 카지노 게임을 이길 수 있는 방법을 개발한 사람이다. 블랙잭에서 이길 수 있는 방법을 적은 책인 『딜러를 이겨라Beat the Dealer』Vintage Books, 1962를 썼고, 실제 이 방법을 사용해 카지노에서 큰돈을 벌었다. 그 뒤에는 룰렛, 바카라 등에서 이길 수 있는 방법도 개발했다. 소프는 수학 박사면서 물리학 박사였다. 그는 수학적 방법으로 카지노 게임에 나올 수 있는 모든 경우의 수를 계산했고, 카지노보다 우월할 때 베팅을 하는 방법인 카지노 승리법을 개발했다. 소프는 카지노에서 항상 많은 돈을 벌었고, 카지노 업계는 소프 때문에 카지노가 망한다고 생각해 소프를 견제했다.

요즘에는 견제라 해봐야 그렇게 심각하게 하지 않는다. 라스베이거스에서도 매번 많은 돈을 따가는 카지도 도박사에게 하는 견제라고는 기껏해야 출입금지 정도다. 그러나 소프가 활동하던 1960년대에는 그렇지 않았다. 그는 폭행을 당하고, 자동차 사고 등으로 생명의 위협을 느꼈다. 실제 카지노가 그런 짓을 했다는 명백한 증거는 없지만, 소프는 언제든 카지노 측으로부터 죽음을 당할지도 모른다는 불안감을 떨쳐내지 못했고, 결국 카지노를 다시 찾지 않았다. 여담이지만 라스베이거스와 달리 제3국의 카지노 리조트들은 큰돈을 버는 카지노 도박사에게 여전히 폭력, 살해 위협을 한다고 한다. 라스베이거스에서는 게이머를 위협한 사실이 알려지면 카지노가 큰 타격을 받기 때문에 그런 짓을 하지 않지만, 제3국의 카지노들에게는 그런 여론에 의한 피해보다 카지노 도박사에게 잃는 돈이 더 큰 위협이다. 카지노에 이런 식의 범죄가 있기에 범죄 도시, 폭력배와의 연계라는 인식이 생긴 것이다.

참고로 카지노는 소프 때문에 결코 손해를 보지 않았다. 카지노조차 소프의 전략 때문에 자기네들이 망할지 모른다며 걱정했지만 실제로 카지노의 수익은 소프가 발표한 승리법 때문에 오히려 늘어났다. 많은 사람들이 소프의 책을 읽고 승리를 확신하며 카지노를 찾았지만, 실제로 큰돈을 번 사람은 얼마 되지 않았다. 소프 자신의 말에 따르면 그렇게 찾은 사람 중 실제로 큰돈을 만진 사람은 1년에 수천 명 정도, 본전치기를 한 사람은 1만 명 정도였다. 그리고 자신감에 넘쳐 카지노에 도전한 100만 명의 사람들이 카지노에 자신들의 돈을 고스란히 갖다 바쳤다. 전략을 완전히 알지 못하고 어설프게 배워 접근한 사람들이 많았기 때문이다. 어쨌든 이후 카지노는 여덟 벌의 카드를 한 번에 사용하는 식으로 카지노 룰을 변경해 소프의 전략 적용을 어렵게 만들었다.

소프는 카지노에서 승리하는 방법을 알아내긴 했지만 초기를 제외하고는 그 방법을 직접 카지노에서 사용할 수 없었다. 그 후 이 전략을 어떤 식으로 활용할 수 있을까 찾다가 주식 시장을 알게 됐다. 그리고 카지노에서 했던 확률 분석처럼 주식 시장에서 확률 분석을 시작했다. 결국 소프는 주식 시장에서도 크게 성공했다. 그는 유명 펀드 매니저가 되어 20년 넘게 연평균 약 19.1%의 수익을 올렸다. 세계 최고의 투자자라 일컬어지는 워렌 버핏과 거의 맞먹는 수익률이다.

99%가 아니면 안 된다

카지노를 하던 사람들이 투자를 하게 되는 이유는 이 두 세계에 서로 공통적인 면이 있기 때문이다. 심지어 카지노보다 투자가 더 쉬운 측면도 있다. 카지노에서 이길 수 있는 방법은 '확률적으로 더

높은 쪽, 분명히 나올 것이라고 예상되는 쪽에 계속 돈을 거는 것'
이다. 그리고 투자에서 돈을 버는 방법도 '앞으로 오를 것이라고 예
상되는 상품, 오를 확률이 높은 상품에 미리 돈을 넣는 것'이다.

'돈을 미리 거는 것'을 생각하면 카지노보다 주식 등 일반 투자가
훨씬 더 유리하다. 카지노 게임에서 가장 힘든 점이 무엇일까? 그것
은 잃어가면서도 계속해서 돈을 걸어야 한다는 점이다. 이길 확률
이 높아서 베팅을 해야 할 때라고 가정하자. 그런데 이 확률이란 것
도 높아본들 100% 확실한 것도 아니고, 각각의 판에서는 오히려 질
확률이 높다. 하지만 카지노에서는 이럴 때도 계속해서 돈을 걸며
베팅을 해야 한다. 결국에는 딸 확률이 높지만 지금 당장은 질 확률
이 높은데도 말이다. 잃는 도중에도 계속 판돈을 올려가며 베팅을
해야 한다는 것, 사실 이것이 정신적으로 굉장히 힘들다.

반면 투자는 잃는 도중에도 계속해서 돈을 집어넣을 필요가 없
다. 처음에 투자를 했다면, 그다음에는 그냥 기다리기만 하면 된다.
주식이 떨어져서 손해를 볼 때도, 카지노처럼 계속해서 추가로 투
자할 필요는 없다. 주식이 내가 산 가격에서 떨어질 때도 있지만 이
럴 때 추가로 투자하지 않는다고 지금까지 한 투자가 무효가 되는
것도 아니다. 만약 내킨다면, 떨어진 상태에서 아무것도 하지 않고
가만히 있어도 그만이다.

게다가 카지노는 잃을 때 자기가 베팅한 돈 전액을 잃는다. 하지

만 주식과 부동산에서 자기가 투자한 돈이 다 사라지는 경우는 없다. 잃기는 하지만 모두 다 사라지는 건 아니다. 카지노 게임에 100만 원을 베팅해서 지면 100만 원이 그 자리에서 사라진다. 하지만 주식 100만 원어치를 샀는데 폭락을 하면 못해도 50%는 건질 수 있다. 주식 투자가 훨씬 더 마음이 편하다.

주식 투자가 카지노보다 더 어려운 점은 '분명히 오를 것'이라고 판단해야 하는 부분이다. 카지노에서 룰렛을 할 때 앞으로 빨강이 나올 것이라는 예측은 분명한 사실이다. 지금 나오느냐, 다섯 게임 후에 나오느냐, 혹은 열 게임 후에 나오느냐가 문제이기는 하지만 언젠가는 분명히 나온다. 그러니까 100%다. 그런데 A 주식이 분명히 오르는가에 대한 문제는 카지노 게임만큼 명확하지 않다. A 주식의 실적이 좋고, 저평가 되었고, 아무리 봐도 오를 것이라 예측된다고 하지만, 그래도 100%는 아니다.

또한 투자는 카지노보다 훨씬 긴 시간을 필요로 한다. 카지노에서는 길어도 한 시간이면 본인의 베팅이 성공인지 실패인지 확인할 수 있다. 한 게임을 하는 데 5분도 안 걸리고 한 시간이면 수십 게임 이상 진행할 수 있다. 하지만 투자는 대체로 소요되는 기간이 길다. 몇 개월을 기다려야 하는 건 기본이고, 여러 해가 지나야 효과가 드러나는 경우도 있다.

결국 카지노를 할 때보다 투자를 할 때 더 고민해야 할 것은 '어떤 것이 오를지'를 판단하는 일이다. 카지노의 룰렛 게임에서 빨강이 언젠간 반드시 나올 것이라고 확신하는 정도로, 앞으로 확실히 오를 것으로 예측되는 주식이나 부동산을 고르는 일이다. 60%, 70%의 확률로 오를 것 같다는 확신만으로는 안 된다. 90%의 확률도 부족하다. 본인은 충분히 높은 확률이라고 생각할 수 있지만, 그것으로는 안 된다. 카지노에서는 앞으로 다섯 게임 이내에 빨강이 나올 확률이 97%에 달한다. 하지만 이걸 믿고 베팅을 했다간 100% 잃고 만다. 그러니 그보다 높은 확률, 99% 이상의 확률이라고 생각한 다음에 움직여야 한다. 그럴 경우가 나타날 때까지 기다려야 한다.

결국 카지노나 투자나 기본 전략은 동일하다. *99% 이상의 확률을 가진 전략에 베팅을 하고 기다리는 것*. 카지노에서 살아남은 사람은 투자에서도 살아남을 수 있고, 투자에서 살아남은 사람은 카지노에서도 살아남을 수 있다. 투자와 카지노는 기본적으로 공통점을 가지고 있다.

카지노에서 배운
투자 법칙 포인트

1. 3%를 무시하지 말라.
미세한 확률 차이로 승부가 갈린다.

2. 투자자는 성실한 생활 습관이 중요하다.
워렌 버핏도 날마다 출근해서 보고서를 읽는다.

3. 사기일지도 모른다는 과한 의심을 버려라.
공개된 자료만 자세히 살펴도 사기를 피한다.

4. 카지노와 투자의 기본 전략은 동일하다.
99% 이상의 확률을 가진 전략에 베팅하고 기다려라.

제2강

결코 파산하지 않는
카지노식 베팅법

도박사의 파산 -
게임을 계속하면 언젠가 잃는다

도박사의 파산 그래프

일반인의 생각과 달리, 카지노의 수입은 게이머와의 승부에서 이긴 뒤 게이머의 돈을 따는 것에 크게 좌우되지 않는다. 게이머들이 게임에 참가할 때마다 간접적으로 떼는 커미션이 주요 수입원이자 사업 모델이다. 그런데 실제 게임을 하다 보면 카지노가 이기고 게이머가 지는 경우가 더 많다. 처음에는 돈을 따더라도 계속하다 보면 마이너스가 되고, 나중에는 모든 돈을 잃는다. 카지노와 달리 게이머의 입장에서는 커미션으로 떼인 비용보다 더 큰돈이 게임에서 지는 것 때문에 나간다.

카지노 게임의 승률은 기본적으로 50:50으로, 카지노의 승률과 게이머의 승률이 거의 같다. 따라서 카지노와 게이머의 승패 횟수는 대개 비슷하고, 돈을 따는 경우나 돈을 잃는 경우도 유사해야 한다. 커미션으로 돈이 나간다고 하지만, 이것은 승패의 빈도에 영향을 주지 않는다. 커미션 액수도 판돈에 지장을 줄 만큼 엄청난 액수가 아니다. 카지노에서 돈을 잃은 사람들이 '게임에서는 계속 이겼는데 마지막에 보니 돈이 없었다'고 말하는 경우는 결코 없다. 대부분은 이렇게 이야기한다. '처음에는 잘 나갔는데 막판에 운이 없어서 계속 게임에 졌고 그래서 빈털터리가 됐다.'

　카지노 게임의 50:50 확률대로라면 절반은 이기고 절반은 지더라도 게임을 계속해나갈 수 있다. 그런데 운이 나빠 계속 지는 바람에 돈을 잃는다고? 확률이 50:50인 카지노 게임에서 결국 카지노는 이기고 게이머는 지게 되는 이유는 무엇일까? 이럴 때 등장하는 게 바로 '도박사의 파산(gambler's ruin)'이라는 정리다. 수학자 파스칼과 페르마가 논의했다는 유명한 수학 정리인데, 자본이 무한하지 않은 도박사가 카지노에서 도박을 하면 언젠가는 빈털터리가 된다는 결론을 제법 복잡한 수식으로 표현했다. 그래프로 나타내면 다음과 같다.

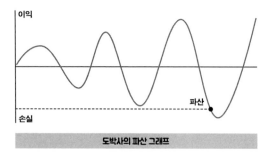

도박사의 파산 그래프

손에 쥔 구슬이 홀수인지 짝수인지 알아맞히는 홀짝 게임을 한다고 하자. 나올 수 있는 경우의 수는 홀, 아니면 짝이기 때문에 5:5의 게임, 확률적으로 정확히 각각 50%이다. 그렇다면 정말 홀짝 게임을 할 때 홀-짝-홀-짝-홀-짝 이런 식으로 번갈아 나오느냐 하면 절대로 그렇지 않다. 홀-홀-홀-짝-홀-짝-짝-홀-짝-짝-짝 등으로 홀이 더 많이 나오는 경우도 있고 짝이 더 많이 나오는 경우도 있다. 수천, 수만을 넘어 그 이상, 사실상 무한대로 게임을 할 때 전체적으로 5:5에 근접한다는 이야기일 뿐, 부분을 끊어서 보면 5:5가 아니다. 적은 횟수의 게임에서는 오히려 홀이 더 많이 나오거나 짝이 더 많이 나오는 경우가 더욱 흔하다.

처음 몇 게임 동안은 홀이 많이 나오는 경우가 3번, 4번 정도이고 짝이 더 많이 나오는 경우가 3, 4번 정도라고 해보자. 게임의 수가 무한대일 때는 50%라지만 몇 게임 정도만 할 경우에는 이런 식으로 편차가 발생한다. 그런데 이 상태에서 게임을 더 오래 하다 보면 홀이 더 많이 나오는 경우가 10~20번이거나 짝이 더 많이 나온 경우가 10~20번이 되는 식으로 편차가 늘어난다. 처음에는 편차가 3~4회였는데, 나중에는 편차가 10~20회로 늘어난 것이다.

여기서 멈추지 않고 게임을 더 지속하면 홀이 짝보다 100번 더 많이 나오고, 짝이 홀보다 100번 더 많이 나오는 경우가 발생하고 만다. 한 마디로 말해, 게임을 계속하면 할수록 이 진폭은 점점 더 커진다. 5:5의 게임을 하다 보면 항상 이런 현상이 나타난다.

　실제로 100만 원을 갖고 한 게임당 만 원씩 거는 홀짝 게임을 한다고 하자. 이기면 만 원을 따고, 지면 만 원을 잃는다. 처음 몇 게임 동안은 5만 원을 따거나 5만 원을 잃는다. 거기서 계속하면 10만 원을 따거나 10만 원을 잃는다. 그리고 멈추지 않고 더 오래하면 50만 원을 따거나 50만 원을 잃는다. 5:5의 카지노 게임은 5만 원을 딴 사람이 10만 원을 따고, 그다음에 50만 원을 따는 식으로 계속 수익이 늘어나기만 하는 게 아니다. 5만 원을 땄다가 10만 원을 잃었다가, 다시 50만 원을 따는 것이 카지노 게임이다. 더 오래하면 100만 원을 따거나 100만 원을 잃는다. 그 뒤에도 계속 게임을 하면 200만 원을 따거나 200만 원을 잃는다. 따기도 하고 잃기도 하는데 두 경우 모두 금액이 커진다. 수익이 마이너스가 됐다가 플러스가 되는데, 그 진폭이 점점 더 커지는 것이다.

　문제는 여기에서 발생한다. 처음에 50만 원으로 게임을 시작했다고 해보자. 계속 게임을 진행하면 수익과 손해의 진폭이 커진다. 결국 시간이 지나면 50만 원을 잃게 되는 순간이 온다. 그동안 10만 원, 30만 원을 벌었다고 하더라도 게임을 계속 진행하는 한 언젠가 50만 원을 잃는 순간이 온다. 그러면 정말 망하게 되는 것인가? 그렇지 않다. 5:5의 게임인 한, 계속하면 다시 플러스가 된다. 50만 원 마이너스 다음에 100만 원 플러스가 될 수도 있다. 그런데 나는 50

만 원을 들고 게임을 하고 있기 때문에 그 돈을 잃으면 자리에서 일어나야 한다. 계속 게임을 하면 다시 플러스가 되고 더 큰돈을 벌수 있다. 하지만 지금 당장은 돈이 없으니 더 이상 베팅을 할 수 없다. 게임을 멈추고 50만 원 잃은 상태에서 일어나야 한다.

그럼 50만 원이 아니라 100만 원으로 게임을 한다면? 더 오래 버틸 순 있다. 하지만 결과는 마찬가지다. 50만 원을 잃었다가 70만 원을 따는 현상이 발생할 것이다. 그러다가 다시 100만 원을 잃는 시점이 온다. 계속하면 200만 원을 딸 수 있다. 하지만 게임을 계속할 수 있는 돈이 없으니 파산한 상태로 게임을 끝내야 한다.

의식적으로 도박사의 파산을 피하라

카지노는 돈이 많다. 수억 원, 수십억 원의 진폭이 나타날 때까지 계속 게임을 할 수 있다. 하지만 게이머는 아니다. 수십만 원, 수백만 원의 돈으로 게임을 하니 카지노보다 일찍 돈이 떨어질 수밖에 없다. 게임을 오래하면 분명히 카지노가 이기고 게이머는 잃는다. *5:5의 공정한 게임이지만, 수익과 손실의 진폭이 점점 더 커지는 현상 때문에 결국 도박사는 게임에서 잃게 된다.*

도박사가 '돈이 좀 더 있었다면 딸 수 있었을 텐데'라며 아쉬워하는 건 충분히 이해할 수 있다. 돈이 더 있다면 게임을 계속해서 언젠가는 돈을 벌 수 있을 것이다. 하지만 따는 돈이 커질수록, 잃는 돈 역시 그에 비례하여 커진다. 카지노 같은 수준의 자금력을 갖고 있지 않는 한 도박사는 결국 돈을 잃은 상태에서 끝난다. 도박사의 파산 그래프는 이것을 말해준다.

실제 카지노에서 이 도박사의 파산 그래프는 상당히 강력하게 작용한다. 주식 등 투자를 할 때도 마찬가지다. 도박사든 투자자든 의식적으로 도박사의 파산을 피해야만 이 함정에서 벗어날 수 있다.

목표 수익이 달성되면 과감하게 게임을 끝내라

멈추지 않으면 마이너스가 될 수 있다

도박사의 파산을 피하기 위해 가장 중요한 점은 '목표 수익이 달성되면 일어나야 한다'는 것이다. 카지노 게임을 하다가 처음부터 잃고, 중간에도 잃고, 마지막에도 잃고, 그러다 결국 돈을 모두 잃는 식으로 초지일관 지기만 하다가 카지노를 떠나는 경우는 사실 거의 없다. 잃다가 따다가 다시 잃거나, 처음에는 따다가 잃게 되는 경우가 대부분이다. 물론 룰렛에서 숫자 맞히기에 베팅하거나, 다이사이에서 7, 8 등의 숫자 맞히기에 베팅을 한다면 계속 잃을 수도 있다. 이런 베팅은 확률이 5:5보다 낮기 때문이다. 그러나 5:5의 게임을 하는 경우에는 잃었다가 따는 것을 반복하는 게 일상적이다. 그렇게 반복하면서 판돈이 점점 더 커진다. 물론 그 커지는 정도는 도박사의 파산 정리에 따른다.

도박사의 파산을 피해 카지노에서 수익을 얻은 채 떠나려면 적당한 순간에 게임을 접을 줄 아는 지혜가 필요하다. 일단 목표 수익을 정하고, 그 목표 수익이 달성되면 게임을 접어야 한다. 카지노에서 가장 흔하게 들을 수 있는 이야기도 "처음에는 돈을 땄는데, 더 벌어볼까 하고 계속 게임을 하다 보니 다 잃었다"이다. 카지노 게임을 시작하고 처음에 30만 원을 땄다. 기분이 좋고, 이대로만 하면 100만 원, 200만 원까지 벌 수 있을 것 같다. 그래서 계속 게임을 한다. 그럼 계속해서 운이 좋아 30만 원이 50만 원, 100만 원, 200만 원이 될까? 그렇지 않다. 도박사의 파산 그래프는 카지노 게임이 그런 식으로 굴러가지 않는다는 것을 말해준다.

처음에 30만 원을 따고 계속해서 잃지 않고 200만 원까지 따는 경우는 거의 없다. 도리어 마이너스 50만 원이 될 수도 있다. 처음에 돈을 벌었다고 계속 돈을 벌 수 있을 것이라고 생각하는 게 초심자의 실수다. 지금 돈을 벌었다면, 앞으로는 그보다 더 큰돈을 잃을 수도 있다는 걸 언제나 명심해야 한다. 그러니 아차 하는 순간 처음의 플러스 수익이 마이너스로 바뀌는 경우도 당연히 생길 수 있다. 다시 한 번 강조하지만, 수익이 생겼다면, 일어설 시기를 잘 골라야 한다. 지금 이렇게 잘되고 있으니 더 하면 더 벌 것 같다는 막연한 기대에 부풀어서는 곤란하다. 게임을 멈추지 않는다면, 언젠가는 분명히 잃기 시작하고 곧 수익은 마이너스가 될 것이다.

그렇다고 지나치게 소심한 게임 방식 역시 생각해볼 문제다. 돈을 벌면 위험성이 커지니 멈춰야 한다고 해서 고작 몇 만 원 벌고 바로 일어날 수가 있겠는가? 카지노라는 곳은 집 앞 편의점 가듯 편하게 오고갈 수 있는 가까운 곳에 있지 않다. 그래서 필요한 게 목표 수익이다. 일정 수익을 목표로 두고, 그 금액이 달성되면 카지노를 떠나야 한다. 더 큰 수익을 향한 미련을 버리고 게임에서 딴 돈을 들고 일어날 수 있다면 카지노에서 수익을 얻을 수 있다. 만약 더 딸 수 있다는 생각으로 계속한다면? 그곳부터는 정말로 게임이 아닌 도박 그 자체의 영역이다. 잘 되면 더 큰 수익이 생기지만, 그렇지 않다면 모든 걸 잃어버린다. 카지노에서 가장 흔한 부류가 바로 이 후자의 부류다.

그러니 착각하지 마라. 충분히 벌었으니 더 욕심을 내지 말라는 이야기가 아니다. 자제력을 갖는 것이 좋으니 그만 일어나라고 말하는 것도 아니다. 목표 수익이 달성되었을 때 멈추지 않고 게임을 더 하면 반드시 잃게 되니까 그만두라는 이야기다. 도박사의 파산 그래프를 보면 일목요연하다. 목표 수익이란 자신의 자금에 비례하여 책정한다. 하지만 목표 수익이 달성된 후의 게임은 자신의 자금에 그동안 딴 돈을 더한 금액을 넘어서는 액수가 판돈이 되어버린다. 더하면 말 그대로 엄청난 대박을 터뜨릴 수도 있다. 하지만 그 말은 반대로 엄청난 손실을 얻을 수도 있다는 얘기다. 그리고 멈추지 않으면 게이머는 반드시 잃는다.

　이보다 더 중요한 문제는 바로 게이머 자신의 심리 상태다. 더 큰 수익을 얻기 위해, 게임을 계속한다면 당연히 이전보다 더 긴 시간을 게임에 소비해야 한다. 지금까지 3시간 동안 30만 원을 땄다면, 마이너스와 플러스를 오가며 100만 원까지 가기 위해서는 앞으로 10시간이 더 필요하다. 그런데 카지노에서 그렇게 오랜 시간 집중력을 유지하긴 힘들다. 그리고 집중력을 잃은 채 게임을 하면 도박사의 파산과 관계없이 돈을 잃기 쉽다. 목표 수익이 달성되면 바로 카지노를 나서는 것, 그것이 카지노에서 수익을 얻기 위한 가장 중요한 원칙이다.

오르내림은 반드시 있다

　주식 시장에서, 한 주식을 1년 동안 갖고 있는데 그 주식이 오르는 경우가 있다. 수십 퍼센트 혹은 몇 배가 뛰기도 한다. 그렇게 오르는 추세를 타면 앞으로도 계속 오를 것만 같다. 3만 원 주식이 4만 원이 되었는데, 계속 갖고 있으면 5만 원, 6만 원이 되고 10만 원도 가능할 것만 같다. 하지만 계속 갖고 있다 보면 4만 원에서 3만 원으로 내려간다. 심하면 2만 원으로 떨어지기도 한다. 분명히 처음에는 올랐는데, 결국 본전이 되고 마이너스가 된다.

어떤 주식이든 무조건 오르기만 하는 주식은 없다. 좋은 주식을 갖고 있으니 오르겠지 생각하면서 무작정 갖고 있으면 곤란하다. 지금까지 올랐으니 앞으로도 오르겠지 하고 생각해서도 안 된다. 주식은 줄곧 오르거나 내리기보다는 오르내림이 반드시 있는 투자 대상이다. 5년 이상 장기 투자를 생각하고 산 주식이라면 그 기간 동안 계속 기다릴 수 있지만, 그런 주식이 아니라면 목표 수익이 달성됐을 때 팔아야 한다. 아니, 설사 5년 장기 투자를 생각하고 샀다 하더라도 처음에 생각한 목표 수익이 달성됐다면 팔고 나와야 한다. 워렌 버핏도 장기투자를 한다지만 목표 수익률이 달성되면 처분하지, 무작정 평생 갖고 있는 것이 아니다. 목표 수익률이 달성되면 그 이상 오를 것 같다는 마음이 들더라도 이익을 실현해주는 것이 좋다.

자본금과 투자 기간을 고려해
목표 수익을 정하라

일확천금을 꿈꾸지 말라

카지노에서 목표 수익이 달성되면 일어나야 한다. 일단 게임을 마무리 지어야 한다. '오늘은 잘 되네' 하면서 자리에 눌러 앉으면 안 된다. 하지만 이렇게 카지노 게임을 잘 마무리 짓기 위해 반드시 필요한 조건이 있다. 목표 수익을 잘 정해야 한다는 점이다.

도박사의 파산 그래프에서 수익과 손실은 처음에는 적었다가 시간이 갈수록 많아진다. 수십만 원 버는 게 목적이면 초기에 달성할 수 있다. 한 시간에서 몇 시간이면 가능하다. 그런데 목표 수익이 수백만 원이면 몇 시간만으로는 안 된다. 카지노에 더 오랜 시간 있어야 한다. 천만 원 이상을 버는 게 목적이면 카지노에서 하루 이상 게임을 해야 하고 1억 원을 벌기 위해선 며칠 동안 내내 게임만 해야 한다. 그렇게 하다 보면 몸도 마음도 피곤해진다. 잠을 자지 않고

24시간 내내 카지노 게임을 하면 제대로 된 판단과 베팅이 불가능할 수밖에 없다. 몸과 마음이 망가지고 그냥 기계적으로 베팅만 하게 된다. 어떤 전략도 제대로 성공하지 못한다. 되는 대로 대책 없이 마음 가는 대로 베팅을 하면 모를까, 전략적으로 계속 계산하며 카지노 게임을 한다는 건 사실 반나절도 거의 불가능하다. 이 말은 즉, 제대로 된 카지노 게임을 하면서 돈을 벌 수 있는 한계는 하루에 백만 원 정도라는 것이다(물론 이 금액은 베팅 금액에 따라서 달라진다. 한 번에 백만 원, 천만 원 베팅할 수 있는 라스베이거스, 마카오 등에서는 목표 수익이 억 단위, 수십 억 단위로 올라갈 수 있다. 하지만 10만~30만 원이 베팅 한도인 강원랜드에서 수천만 원, 수억 원을 버는 것은 불가능하다고 봐야 한다).

목표액을 정할 때 명심해야 할 점이 있다. 현실성이다. 막연히 '나는 천만 원을 벌고 싶어'라면서 천만 원을 목표 수익으로 삼으면 안 된다. 고작 몇 시간 동안에도 카지노 게임으로 천만 원을 벌 수 있는 여건이 된다면야 상관없겠지만, 강원랜드의 10만~30만 원 베팅 한도 내에서 천만 원을 벌려면 24시간 내내 게임만 계속해도 빠듯하다. 그 시간 동안 집중력을 꾸준히 발휘할 수 있느냐는 문제 역시 따라붙는다.

시간보다 더 큰 문제는 자본금이다. 도박사의 파산은 초기에 따고 나중에 잃게 된다는 것만을 의미하지 않는다. 당연히 초기에 잃고 나중에 딸 수도 있다. 도박사의 파산 그래프에서는 플러스가 먼저 나오고 그다음에 마이너스, 플러스, 마이너스, 플러스가 반복되지만, 마이너스가 먼저 나온 뒤 플러스, 마이너스, 플러스, 마이너스가 반복될 수도 있다. 이렇게 먼저 마이너스가 나타나면 백만 원을 따기도 전에 50만 원~70만 원의 돈을 잃을 가능성이 생긴다. 천만 원 수익을 목표로 한다면 처음부터 500만 원, 700만 원을 잃고 시작할 수도 있다. 그러니 목표 수익을 정했다면 그 목표 수익만큼의 자본금은 갖고 있어야 한다. 50만 원을 갖고 게임을 시작하면서 100만 원을 따려고 하면 안 된다. 도박사의 파산 그래프대로라면 100만 원을 따기 전에 50만 원 전부를 잃을 가능성도 있다. 마찬가지로 100만 원의 돈을 갖고 게임을 하면서 천만 원을 따겠다고 마음먹으면 안 된다. 그렇게 되면 분명히 도중에 모든 돈을 다 잃는다.

　100만 원의 돈이 있다면 많아야 50만 원 정도의 수익을 목표로 하는 것이 적당하다. 그리고 카지노에 있는 시간은 5시간 정도가 적절하다. 1~2시간 사이에 50만 원을 벌려고 하면 안 되고, 천만 원을 벌겠다는 생각을 해도 곤란하다. 카지노는 일확천금을 노리는 곳이 아니다. 자신이 가진 돈과 할애하는 시간에 따라 수익과 손실이 나는 곳이다. 수익 목표도 그에 맞게 책정해야 한다.

목표와 꿈은 다르다

투자도 마찬가지다. 목표 설정을 적절하게 세워야 한다. 주식 투자로 큰돈을 벌 수 있다고 해서, 지금 내 수중에 있는 돈이 3천만 원인데 1년 사이에 3억 원을 만들겠다는 목표를 세우면 안 된다. 1년에 20%의 수익률만 계속해서 내도 세계적인 투자자 반열에 오른다. 그런데 일반 투자자는 연 20%의 수익률로는 성에 안 찬다. 3천만 원의 연 20% 수익은 600만 원이다. 600만 원을 벌기 위해 투자에 온 힘을 쏟을 수는 없다. 자본금이 3천만 원이면 최소한 천만 원 정도는 벌어야 기분도 나고 수지도 맞는 느낌이다. 그러니 소액투자자는 1년에 50% 정도를 목표로 해도 된다고 본다. 하지만 거기까지다. 1년에 수익률 2배, 5배, 10배를 목적으로 투자하면 안 된다. 그 정도의 수익률을 바란다면 1년이 아니라 3년, 5년 등의 장기 투자를 해야 한다.

자본금, 그리고 투자 기간을 고려해서 그에 맞게 목표 수익률을 정하라. 무작정 높은 목표 수익률을 세우면 도중에 큰돈을 잃고 만다. 꿈은 클수록 좋다고들 한다. 하지만 카지노와 투자에서는 자기가 투여하는 돈과 시간에 비례해 수익이 난다. 지나치게 큰 꿈은 돈도 시간도 허비하게 만드는 법이다.

켈리의 법칙 -
정액 베팅은 바보짓이다

확률에 따라 비례적으로 베팅액을 결정하라

카지노 게임들은 10년, 20년 사이에 만들어진 게 아니다. 지금 우리가 하고 있는 카지노 게임들은 대부분 수백 년 전에 만들어졌다. 최근에 생겼다 하더라도 기존에 있던 게임을 조금 변형했을 뿐이다. 이렇듯 오랜 세월에 걸쳐, 카지노 게임들은 카지노에 유리하도록 만들어졌다. 게이머들이 돈을 많이 따가는 게임은 퇴출되고, 지금 카지노에 남은 게임들은 카지노가 돈을 버는 게임뿐이다.

지나치게 불공평해 보이는가? 하지만 꼭 그렇지만은 않다. 항상 카지노가 이기는 상황을 가장 바라지 않는 곳도 카지노다. 모든 게임이 카지노에게 일방적으로 유리하다면, 일부러 카지노를 찾아 게임을 하려 드는 사람은 아무도 없을 것이다. 게이머도 충분히 돈을 벌 수 있을 것 같으면서도 카지노가 조금 더 유리한 게임, 그런 게임들이 현재까지 살아남아 카지노에서 운영되고 있는 것이다.

하지만 카지노 게임의 역사만큼이나 오랫동안 게이머들도 어떻게 하면 카지노 도박에서 돈을 벌 수 있는지에 대한 연구를 해왔다. 어떻게 해야 도박에서 이길 수 있는가? 사실 수학의 확률론은 여기에서 시작됐다. 애초에 도박사의 파산 얘기 때 나왔던 파스칼과 페르마도 1600년대의 수학자들이다.

포커 게임을 하다가 도중에 게임을 그만둬야 하는 경우가 발생했다. 판돈이 쌓여 있지만 승패가 결정되지 않은 채로 판을 끝내야 한다. 그렇다면 이때의 판돈은 게이머들끼리 어떻게 나눠야 할까? 가장 공정한 건 게임이 끝까지 진행됐을 때 각 게이머들이 이길 수 있는 확률에 따라 나누는 것이다. A가 이길 확률이 1/2이었다면 판돈의 1/2을 A에게 주고, B가 이길 수 있는 확률이 1/4이었다면 판돈의 1/4을 B가 가져가는 식이다. 그런데 어떻게 해야 지금까지 받은 카드만으로 A가 이길지, B가 이길지를 알아낼 수 있을까? 이 문제를 해결하기 위해 확률론이 시작됐다.

각 게임의 확률을 바탕으로 어떻게 베팅을 하면 수익을 얻을 수 있는지에 대한 연구도 시작됐다. 그리고 수익을 극대화할 수 있는 베팅 방법도 발견됐다. 게임 자체가 확실한 것이 아니라 확률에 의해 결정되는 것인 만큼 100% 돈을 벌 수 있는 방법을 제시해주는 건 아니다. 하지만 이익을 가장 극대화할 수 있는 합리적인 베팅 방법이다. 이것을 켈리Kelly의 법칙, 혹은 켈리 공식이라고 한다.

켈리 공식은 도박 게임에서 다음과 같은 비율로 베팅을 해야 한다고 제시한다.

$$F = \frac{bp - q}{b} = \frac{p(b+1) - 1}{b}$$

F = 보유자금 대비 베팅금액의 비율
b = 순배당률
p = 승리확률
q = 패배확률 $(1-p)$

배당률은 게임에서 이겼을 때 얻을 수 있는 수익률이다. 당첨이 되었을 때 두 배를 준다면 배당률은 2이다. 당첨되었을 때 열 배를 준다면 배당률은 10이다.

복잡한 것 같지만 사실은 간단하다. 문장으로 바꾸면 이렇다.

"이길 확률이 낮으면 베팅하지 마라. 이길 확률이 높으면 베팅을 시작하는데, 확률이 높으면 높을수록 더 큰 금액을 베팅하라. 확률에 따라 비례적으로 베팅액을 결정하라."

상대방이 이길 확률 50%, 내가 이길 확률이 50%라면 p, q는 0.5다. 이때 내가 건 돈만큼 배당금을 준다면 F값은 0이다. F값이 0이라는 건 내가 가진 돈의 0%를 베팅하라는 뜻, 즉 베팅하지 말라는 말이 된다.

내가 이길 확률이 높아지면 베팅을 시작한다. 확률이 높아지고 배당률이 높아질수록 F도 커진다. 이길 확률, 배당률에 따라서 베팅액을 조절하면 기대 수익이 최대가 된다.

사실 켈리의 공식을 카지노 게임에서 그대로 적용할 수는 없다. 켈리의 법칙에서는 불리한 게임, 혹은 5:5의 공정한 게임에서는 베팅을 하지 말고 내가 유리한 게임에서만 베팅을 하라고 한다. 그런데 카지노에서는 모든 게임이 게이머에게 불리하다. 1~2%, 심하면 7~10%나 게이머에게 불리하다. 켈리의 법칙에 따르면 모든 카지노 게임은 게이머에게 불리하기 때문에 게임을 하면 안 된다. 그렇다고 카지노에 가서 게임을 전혀 안 할 수는 없으니 카지노에 가는 게이머들은 켈리의 법칙을 조금 융통성 있게 수정하여 활용한다. 즉, 게이머에게 1~2% 정도 불리하면 게임을 하고, 게임의 흐름상 유리하다고 생각할 때 베팅액을 올린다. 다시 말해 켈리의 법칙에 객관적 확률이 아닌 주관적 확률을 가미하는 셈이다. 그러면 어느 정도 켈리의 법칙에 따라 베팅이 가능하다.

하지만 켈리의 법칙에서 무엇보다 중요한 건 정액 베팅은 안 된다는 점이다. 정액 베팅이란 항상 같은 액수를 베팅하는 것이다. 5만 원, 10만 원 식으로 베팅액이 고정된 경우는 최악이다. 이런 식으로 베팅액을 고정하면 절대 수익을 얻을 수 없다. 곧바로 도박사의 파산이 적용된다.

수익을 얻고 싶다면, 경우에 따라 베팅액을 변경해야 한다. 승률, 배당률에 따라 베팅액을 조정하는 것이다. 그것이 켈리의 법칙에서 가장 중요한 시사점이다. 카지노에서 각각의 경우에 따라 2만 원, 4만 원, 8만 원, 16만 원, 32만 원 등으로 다르게 베팅하는 것. 그것이 수익을 얻기 위한 기본조건이다.

그런데 이 켈리의 법칙은 현재의 강원랜드에서는 적용할 수 없다. 강원랜드는 한 게임당 10~30만 원을 베팅 한도로 정하고 있다. 이 베팅 한도에서는 승률이 높다고 더 높은 금액을 베팅할 수 없다. 켈리의 법칙 적용이 안 되는 것이다. 내가 더는 강원랜드를 가지 않는 주된 이유이기도 하다.

잘 아는 것에 더 많이 투자하라

켈리의 법칙은 도박뿐 아니라 투자에서도 중요하다. 켈리의 법칙에서는 승리할 확률에 따라 투자 금액이 달라지고, 종목에 따라서도 투자 금액이 달라져야 한다. 주식 투자의 경우 대부분의 사람들이 정액 베팅을 한다. 천만 원의 투자금이 있고 투자 종목으로 다섯 종목을 선정하면 200만 원, 200만 원, 200만 원, 200만 원, 200만 원 식으로 나눠서 산다. 각 종목마다 평등하게 투자금을 배분하는 것이다. 그런데 이것은 켈리의 법칙에서 절대 하지 말라는 정액 베팅이다. 다섯 종목이 모두 좋을 것 같아서 샀지만, 다섯 종목 중 어떤 것이 더 좋은지는 알 수 없어 똑같이 투자금을 배분하는 상황은 투자자로서는 최악의 상황이다. 달리 말해 그건 본인이 다섯 종목을 선정하기는 했지만 어떤 것이 더 많이 오를지, 모른다는 이야기다. 켈리의 법칙에서는 잘 모르면 투자하지 말라고 하지, 공평하게 투자하라고 하지 않는다. **어떤 것이 더 유리한지 모르면 투자하지 마라.** 오른다는 것만 예상할 뿐 어느 정도의 확률인지, 어느 종목이 더 유리한지 파악하지 못한다면 아직 투자할 때가 아니다.

이에 덧붙여 어느 정도 오를 것인가도 중요하다. 켈리의 법칙은 승률에 따라, 그리고 배당률에 따라 베팅액을 조정한다. 주식에서는 그 주가가 얼마나 오를 것인지의 수치가 배당률이다. 주식을 살 때 예상하는 이익이 있다. 이 주식을 사면 10% 정도 오를 것이다, 50% 정도 오를 것이다 예상하고 주식을 산다. 그러면 10% 오를 것으로 예상하는 종목보다 50% 오를 것으로 예상하는 종목에 더 많은 투자를 해야 한다. 더 많이 오를 것으로 예측하는 종목에 투자금을 더 많이 넣어야 한다. 오를 확률에 따라, 어느 정도 오를 것이냐에 따라 투자금을 조정해야 한다. 그래야 더 많은 수익을 얻을 수 있다.

만 원과 백만 원은 마음가짐이 다르다

돈에 대한 감각과 태도의 변화

켈리의 법칙을 적용할 때의 장점은 두 가지다. 하나는 켈리의 법칙을 적용하지 않을 때보다 켈리의 법칙을 적용할 때의 이익이 더 크다는 점이다. 켈리의 법칙을 적용하지 않는다는 건 카지노에서 항상 같은 금액을 베팅한다는 이야기다. 모든 게임에서 5만 원을 베팅하면 따더라도 5만 원이고 잃을 때도 5만 원이다. 한 게임당 5만 원 이상 잃지 않지만 5만 원 이상을 따지도 못한다. 이익이 한정되어 있다.

켈리의 법칙에서는 이길 확률에 따라 베팅액이 달라진다. 이길 확률이 높으면 10만 원을 베팅하고, 이길 확률이 낮으면 만 원을 베팅하는 식이다. 물론 이길 확률이 높다고 생각했다가 질 수도 있다. 이럴 때는 10만 원이 날아가서 손해가 크다. 하지만 확률이 높은 경우에만 10만 원씩 베팅하기 때문에 질 경우보다 이길 경우가 더 많다. 결국 5만 원씩 베팅하는 경우보다 수익이 더 커진다.

켈리의 법칙에서는 내 자금이 많을수록 더 많은 금액을 베팅한다. 정액 베팅에서는 어떤 경우에도 정해진 금액을 베팅하지만, 켈리의 법칙에서는 10% 유리하다고 할 때 가진 돈의 10%를 베팅하라고 한다. 100만 원이 있으면 10만 원, 천만 원이 있으면 100만 원을 베팅하고, 1억 원이 있으면 천만 원을 베팅한다. 이런 식으로 내 자금 수준에 따라서 베팅액을 늘린다. 처음에는 게임에서 얻을 수 있는 수익이 10만 원이지만, 나중에는 한 게임에서 얻을 수 있는 수익이 천만 원이 된다. 수익이 기하급수적으로 증가한다.

이렇게 베팅액이 커지는 건 당연한 게 아니냐고 생각할 수도 있다. 돈이 없으면 소액을 베팅하고, 돈이 많으면 거액을 베팅하는 게 상식적인 모습이 아니냐고 말할 수도 있다. 하지만 그렇지 않다. 처음에 백만 원으로 카지노에 입문한 사람은 만 원이나 5만 원 정도만 베팅한다. 반면 처음에 수천만 원을 갖고 카지노를 시작한 사람은 한 게임에 백만 원을 베팅하는 것도 어려운 일이 아니다. 그런데 처음에 백만 원으로 시작해서 만 원을 베팅한 사람이 나중에 수천만 원이 생긴다고 해서 백만 원씩 베팅할 수 있을까? 처음에 만 원씩 베팅한 사람은 나중에 돈을 벌더라도 만 원 베팅을 계속하거나 많아야 십만 원 정도만 베팅한다.

처음에 만 원을 베팅하던 사람이 가진 돈이 늘어서 백만 원을 베팅했다고 하자. 그런데 만약 그 돈을 한 번에 잃게 된다면 그 사람의 마음은 그 손실을 차분히 감당할 수 있을까? 대부분의 사람은 그렇게 큰돈을 카지노 게임에서 한 번에 베팅하는 걸 감당하지 못한다. 솔직히 말하면, 돈이 많아도 쉽지 않다. 한 번에 큰돈을 베팅하는 것 자체에 거부감을 느끼고, 또 그 돈이 한 번에 날아갈 수 있다는 것에도 부담감을 가진다.

주위의 부자들 중에는 과거 가난했을 때의 생활 습관을 그대로 유지하는 사람들이 많다. 그분들은 천 원도 아까워하고, 음식점에서 만 원이 넘는 점심을 사먹는 것도 아까워한다. 예전부터 항상 오천 원짜리 밥만 먹으면서 돈을 아껴왔을 경우, 부자가 됐다고 해서 이제부터는 끼니마다 갈비를 마음대로 먹겠다는 식으로 생활 방식을 바꾸지 않는다. 계속해서 5천 원짜리 밥만 먹으며 이전의 습관, 이전의 돈 감각을 계속해서 유지한다. 옷도 예전에 입던 옷을 그대로 입고 다닌다. 부자이지만 꾀죄죄하게 다니는 사람들을 보고 우리는 검소하다며 칭찬한다. 하지만 잘 살펴봐야 한다. 정말로 검소해서 이전의 모습을 그대로 유지하는 것인지, 아니면 부자가 되었지만 돈에 대한 감각이 이전과 똑같기 때문에 그런 것인지 구분해야 한다.

베팅도 마찬가지다. 만 원을 베팅하는 사고방식과 백만 원을 베팅하는 사고방식, 그리고 천만 원을 베팅하는 사고방식은 완전히 다르다. 만 원씩 베팅하던 사람은 백만 원이나 천만 원을 한 번에 잃게 될 때의 충격을 감당하지 못한다. 돈이 많은 사람이라 해도 마찬가지다. 연봉 1억 원 이상을 받는 고소득자라도, 카지노 게임 한 판에 백만 원을 날리는 일은 절대 용납할 수 없는 사람들이 많다.

켈리의 법칙을 적용한다는 것은 단순히 베팅액이 늘어난다는 이야기와는 다르다. 점점 증가하는 베팅액, 그로 인해 잃을 수 있는 금액의 증가를 감수할 수 있는 심리적 변화를 감당해야 한다는 이야기에 더 가깝다. 돈이 없다면 만 원을 베팅하지만, 돈이 있다면 백만 원도 아무 거리낌 없이 베팅할 수 있어야 한다. 솔직히 차근차근 돈을 모으고 있는 사람에게는 정말 쉽지 않은 일이다. 하지만 돈에 대한 감각과 돈을 대하는 태도를 바꿔나가야만 켈리의 법칙을 제대로 적용할 수 있다.

평정으로 투자 그릇을 넓혀라

내가 주식 투자를 처음 시도했을 때는 천만 원이 안 되는 돈으로 주식 시장에 들어갔다. 주식은 보통 오르면 몇 퍼센트, 내리면 몇 퍼센트가 한꺼번에 움직인다. 천만 원의 5%는 50만 원이다. 하루에

50만 원이라는 돈이 생겼다가 없어진다. 오전에 주식이 내렸다가 오후에 급등하면 하루에 100만 원도 생겼다가 없어진다. 당시 이 돈은 나에게 굉장히 큰돈이었다. 그만한 돈이 움직이는데 마음이 평온할 리 없다. 그러니 주식 움직임에 일희일비하게 될 수밖에 없었다.

투자할 수 있는 자금이 1억 원이 됐을 때 하루에도 수백만 원이 움직였다. 한 달 월급이 하루 사이에 출렁인 셈이다. 투자 자금이 3억 원 가까이 되면 하루 동안 천만 원이 움직인다. 그러니까 천만 원이 오르고 천만 원이 떨어진다. 이런 상황까지 오면, 투자는 돈이 아니라 심리적으로 감당할 수 있느냐 없느냐의 문제가 되어버린다.

켈리의 법칙에서는 자본이 많아지면 그에 따라 투자 자금도 늘리라고 말한다. 그런데 이전에 50만 원 움직이는 것도 감당하기 힘들었던 사람이 하루 천만 원 넘게 출렁이는 걸 별 생각 없이 바라보는 건 말처럼 쉽지 않다. 그래서 사람들은 켈리의 법칙에서 말하는 것과 달리 베팅액, 투자금을 쉽게 늘리지 못한다. 도리어 다른 식의 상품들로 갈아타버린다. 그동안 주식 투자를 했던 사람들이 돈을 모아 펀드에 넣고, 저축 상품으로 갈아타고, 부동산으로 움직이는 것이다. 주식 투자금을 늘려나가는 것이 아니라, 다른 대체 자산을 만들기 시작한다. 안정을 추구하는 것이다. 하루에 수천만 원이 움직이는 상황에 마음이 버티지 못하는 것이다.

사실은 나도 켈리의 법칙을 제대로 적용하지 못한다. 나는 이제 하루에도 수백만 원이 왔다 갔다 하는 것은 아무 생각 없이 바라볼 수 있다. 일주일에 천만 원, 이천만 원이 왔다 갔다 하는 것도 그런 대로 참고 바라볼 수 있다. 천만 원이 떨어져도 원칙에 따라, 내가 의도한 바대로 주식을 사고팔 수 있다. 하루 동안 수십만 원이 움직이는 광경을 보고 패닉에 빠졌던 예전을 생각하면 정말 괄목할 만한 성장이다. 그런데 2017년, 비트코인의 광풍이 불었을 땐 나도 패닉에 빠졌다.

당시 비트코인이 하루에 수백만 원씩 오르고 또 수백만 원씩 떨어지는 사태가 한 달 넘게 지속됐다. 비트코인 가격이 천만 원을 넘자 하루에도 수백만 원 급등과 급락을 반복하면서 이천만 원을 넘겼다. 이 당시의 나는 며칠 동안 1억 원 넘는 돈이 왔다 갔다 하는 것을 지켜봤다. 일주일에 천만 원, 이천만 원의 움직임까지는 감당할 수 있었다. 하지만 일주일 사이에 수억이 오고 가는 상황은 버티지 못했다. 정신적인 패닉에 빠졌다. 이럴 때는 투자의 원칙도 감각도 모두 없어진다. 오직 하나, 이걸 지금 당장 팔아야 하는가, 말아야 하는가 한 가지만 생각하게 된다. 이건 투자가 아니다. 단지 돈에 휘둘릴 뿐이다. 내 투자 그릇은 딱 거기까지였다.

투자금에 따라 베팅액도 커져야 한다는 건 이렇게 큰 금액이 오고 가는 것에도 흔들리지 않고 평정을 유지하며 투자할 수 있어야 한다는 것을 의미한다. 그것이 되어야 켈리의 법칙을 제대로 적용할 수 있다. 큰 금액의 움직임을 버티지 못하면 켈리의 법칙을 적용하지 못한다.

'확 질러버릴까'라는 유혹을 조심하라

수익이 중요한가, 베팅이 중요한가

켈리의 법칙의 두 번째 장점은 켈리의 법칙에 맞춰 베팅을 하면 절대로 파산하지 않는다는 점이다. 카지노에서 게임을 할 때 가장 피해야 할 상황이 무엇일까? 잃지 않는 것? 그런데 카지노 게임을 하다 보면 잃는 경우는 필연적으로 발생한다. 한 번도 잃지 않고 매번 따기만 하는 건 불가능하다. 중요한 건 잃더라도 일정 수준 한도 내에서만 잃어야 한다는 점이다. 특히 내게 남은 돈이 하나도 없는 상태, 소위 오링이 나선 안 된다. 오링을 내지 마라. 이건 도박에서의 철칙이다. 잃을 때 잃더라도 주머니에 돈을 남겨둔 상태에서 게임을 끝내는 것. 이것이 중요하다.

도박을 할 땐 내가 얼마나 딸지는 잘 모를 수 있다. 하지만 내가 얼마를 잃을 것 같은지는 미리 알고 베팅할 순 있다. 특히 카지노 게임에서 내가 잃는 금액은 내가 베팅을 하는 금액과 똑같다. 만 원을 베팅하면 만 원을 잃을 수 있고, 10만 원을 베팅하면 10만 원을 잃을 수 있다. 만 원을 베팅했는데 예상외로 10만 원을 잃게 되는 경우는 없다. 그래서 카지노를 하다가 무일푼이 됐다는 건 게이머가 마지막에 자기가 가진 모든 돈을 걸었다는 뜻이 된다. 주머니에 있는 돈을 다 걸고 그 게임에서 지게 되면 파산한다. 친구들과 포커 등을 칠 때야 누군가 가진 돈을 다 잃어도 친구들이 약간 돌려준다거나 나눠주면 그만이다. 하지만 카지노에서 무일푼이 된다는 건 매우 심각한 문제다. 집에 갈 차비조차 없어진다.

단순히 집에 돌아가기 힘들어서, 혹은 주위 사람들에게 돈을 부치라고 요구하는 등의 곤란한 상황에 빠지기 때문에 오링을 당하면 안 된다고 말하는 것이 아니다. 종잣돈을 다 잃는다는 건 게이머가 마지막에 자기가 가진 돈 전부를 걸었다는 뜻이다. 즉 집에 어떻게 돌아갈 것인지, 밥을 어떻게 먹을 것인지 등에 대해서는 아무 생각도 하지 않고 돈을 걸었다는 의미다.

"베팅을 하다 보니 어느 순간 주머니에 돈이 한 푼도 없더라. 모르는 사이에 오링이 났다."

정상적인 상태라면 이런 경우는 없다. 만약 이런 말을 한다면 그

건 자신에게든 타인에게든 거짓말을 하고 있는 거다. 게이머들은 누구나 마지막에 돈이 떨어져 갈 때쯤, 이대로 가면 위험할 수 있다는 걸 속으로 인식한다. 최후의 베팅을 하며 이번에도 잃으면 오링이 된다는 걸 모를 수가 없다. 그러면서도 마지막 돈을 남기지 않고 전부 베팅해버리는 것이다.

이런 유형의 사람은 카지노에서 수익을 내기 힘들다. 카지노에서 수익을 내기 위해서는 무엇보다 돈, 수익을 중요하게 여겨야 한다. 그런데 마지막 돈을 전부 베팅한다는 건 다른 그 무엇보다 베팅 그 자체, 승부 그 자체를 중요하게 여긴다는 뜻이다. 그 사람에게는 돈, 오링이 되었을 때의 어려움보다 베팅이 훨씬 더 중요하다. 수익이 아닌 베팅 그 자체가 목적이다. 그런데 도박에서 베팅이나 승부를 제일 중요하게 여기면 결국 돈을 잃을 수밖에 없다. 베팅, 승부 자체의 미학에 빠져들면 절대 수익을 얻을 수 없는 곳이 카지노다.

켈리의 법칙은 항상 자기가 갖고 있는 돈에서 퍼센트 단위로 베팅하라고 이야기한다. 켈리의 법칙은 '10만 원을 베팅하세요'라는 식으로 이야기하지 않는다. '10%를 베팅하세요'라고 이야기한다. 10만 원이 있다면 만 원을 베팅하고, 만 원이 있다면 천 원을 베팅하라고 한다. 이런 식으로 자기가 가진 금액을 일정 비율로만 베팅하면 가진 돈 전부를 베팅하는 일은 절대로 발생하지 않는다. 100% 확률로 승리할 것 같다면 자기가 가진 돈 100%를 베팅하라고 하기는 한다. 하지만 100%는 이론으로나 등장할 수 있는 상황이다. 어떤 게임이든, 게임이라는 명목을 갖고 있는 한 100% 승률이란 없다. 현실의 상황에서는 켈리의 법칙대로 하면 절대 오링을 당하지 않는다.

또한 켈리의 법칙을 계속 유지한다는 것은 베팅을 할 때 감정에 휘말리지 않는다는 뜻이다. 카지노에서는 몇 번이고 '확 질러버릴까'라는 유혹에 빠져들기 쉽다. 켈리의 법칙을 유지한다는 것은 그 유혹에 흔들리지 않고 원칙을 지킨다는 이야기다. 카지노에서의 안정된 수익은 오직 이럴 때에만 가능해진다.

신용 대출로 투자하다가 망한다

주식, 부동산 투자에서 오링이 나서 파산을 당하는 것은 쉽지 않다. 카지노 게임을 할 때는 가진 돈을 다 걸고 실패하면 오링이 나고 파산도 당할 수 있다. 그런데 주식 가격은 오르거나 내릴 뿐, 0이 된다는 것은 불가능하다. 10만 원에 산 주식이 5만 원, 2만 원으로 떨어져서 엄청난 손실을 볼 수는 있지만, 10만 원 주식이 0원이 되는 경우는 없다.

굳이 말하면 그런 경우가 있기는 하다. 바로 상장 폐지가 되는 경우다. 그런데 별 문제 없던 주식이 어느 날 갑자기 상장 폐지되는 경우는 없다. 이런 저런 문제가 제기되고, 상장 폐지 심사를 거치는 일 등등의 과정이 진행되면서 상장 폐지까지 가는 것이다. 그러니 갖고 있던 주식이 0원이 됐다는 것은 이런 과정을 지켜보면서도 주식을 매도하지 않고 아무 생각 없이 그대로 갖고 있었다는 뜻이다. 자기가 보유한 주식을 가끔 인터넷 상에서 확인만 해도 0원이 될 때까지 모르고 있기는 힘들다. 부동산도 마찬가지다. 가격이 떨어지는 경우는 다반사로 일어나지만 그렇다고 부동산 가치가 0원이 되지는 않는다.

주식 투자를 하다가 오링을 당하는 경우는 한 가지다. 빚을 내서 주식 투자를 하는 경우다. 특히 신용 대출을 받는 경우가 문제다. 천만 원의 돈이 있는데 빚을 내서 2천만 원어치 주식을 구입했다고 해보자. 이때 주가가 50% 떨어지면 천만 원이 날아가고, 내가 가진 돈은 0원이 된다. *신용 대출로 주식을 살 때 주식이 폭락하면 소위 깡통 계좌가 되어 모든 돈을 잃게 돼버린다.* 그나마 부동산은 주식에 비하면 사정이 나은 편이다. 부동산을 담보로 은행이 빌려주는 돈은 한도가 있기 때문에 부동산 가격이 조금 떨어진다고 파산하진 않는다.

하지만 주식은 심심찮게 폭락하거나 급락한다. 주가 하락으로 손해 보는 돈이 빌린 돈보다 많다면 한순간에 파산할 수도 있다. 다른 분야도 마찬가지지만, 투자를 할 때 대출은 정말 신중하게 결정해야 한다. 적어도 갚을 시기를 본인이 조정할 수 없는 돈은 투자에 사용해선 안 된다. 3개월 후에 갚아야 할 돈, 6개월 후에 갚아야 할 돈으로 주식을 샀다가는 100% 파산의 길을 걷고 만다.

물론 주가가 오를 때는 많은 주식을 살수록 수익이 높아진다. 그러니 눈앞에 사야 할 주식이 보일 때는 신용 대출의 유혹을 견뎌내기 어렵다. 하지만 카지노라는 장소, 투자라는 세계에서 수익보다 더 중요한 건 파산하지 않는 것이다. 주머니를 모두 털린 게이머에게는 집으로 돌아가는 일조차 쉽지 않은 법이다. 가진 돈을 모두 날린 투자자 역시 마찬가지다.

1. 의식적으로 도박사의 파산을 피하라

수익과 손실의 진폭은 반드시 점점 더 커진다.

2. 목표 수익이 달성되면 과감히 팔아라

영원히 오르기만 하는 주식은 없다.

3. 실현 가능한 목표 수익을 세워라

자본금과 투자 기간을 고려하지 않은 계획은
손실을 부른다.

4. 승률과 종목에 따라 투자 금액을 조정하라

정액 투자금에는 도박사의 파산이 따른다.

5. 평정으로 투자 그릇을 넓혀라

켈리의 법칙을 적용하려면 큰 금액의 흔들림에
초연해야 한다.

6. 신용 대출은 신중해야 한다

수익률보다 중요한 건 파산하지 않는 것이다.

제3강

결코 손해 보지 않는
카지노식 투자법

승부의 시점을
자신이 정하라

게이머에게 유리한 위치가 존재한다

게이머와 카지노 중에서 어느 쪽이 더 유리할까? 당연히 카지노가 더 유리하다. 일단 게임 자체가 카지노에 유리하게 만들어져 있다. 적게는 1~2%, 많게는 7%까지 카지노의 승률이 더 높다. 게임을 하면 할수록 카지노가 이기는 경우는 많아지고 게이머가 이기는 경우는 적어진다. 또한 자본력 측면에서도 게이머는 카지노의 상대가 되지 않는다. 도박은 기본적으로 자본이 많은 사람에게 유리하다.

포커 게임을 할 때 내가 에이스 포카드를 들고 있고 상대방은 2 원페어를 들고 있다고 하자. 보통은 에이스 포카드를 들고 있는 사람이 월등히 유리하다. 하지만 도박은 갖고 있는 카드만으로 이길 수 있는 게 아니다. 상대방이 2 원페어밖에 없으면서 천만 원, 1억 원을 베팅한다면, 그 정도의 돈이 없는 나는 게임을 포기할 수밖에 없다. 도박에서 승부를 가리는 데 가장 중요한 요소는 자본력이다.

카지노는 엄청난 현금을 보유하고 있다. 기업에 자산이 많다 하더라도 공장, 기계, 토지 등이 많은 것이지, 현금을 그만큼 갖고 있는 건 아니다. 하지만 카지노는 다르다. 지금 당장 동원 가능한 현금이 셀 수 없을 만큼 많다. 게이머라면 아무리 현금을 많이 갖고 있어도 수천만 원, 수억 원 정도일 것이다. 천만 원도 큰돈인 건 맞지만 카지노가 가진 자금과는 비교할 바가 못 된다.

그러니 게이머와 카지노가 1:1로 정정당당하게 붙으면 반드시 게이머가 지고 만다. 하지만 카지노 게임은 정정당당한 게임이 아니다. 당연히 게이머에게 유리한 측면도 존재한다. 일단, 게임을 할지 말지 선택하는 쪽이 게이머다. 카지노 게임은 서로 같이 앉아서 끝날 때까지 계속해야만 하는 게임이 아니다. 게이머가 게임에 참여하고 싶으면 하고, 원하지 않으면 안 할 수도 있다. 불리할 것 같다면 안 해도 되고, 흐름이 좋지 않을 때는 언제든지 게임을 멈출 수 있다. 내가 유리하다고 생각하는 판에서만 베팅을 해도 된다는 점이 게이머에게는 가장 큰 장점이다. 하지만 카지노 측은 아니다. 카지노는 언제든지 게임판을 열어놔야 한다. 게이머가 베팅을 하면 무조건 카드를 돌려 게임에 참가해야 한다.

그러므로 카지노와 게임을 할 때는 카지노와 1:1로 승부를 보려고 하면 안 된다. 그렇게 되면 게이머가 질 수밖에 없다. 게이머에게 유리할 때, 흐름이 좋은 순간, 이길 것 같은 순간에만 게임을 해야 한다. 그것이 원래 게이머가 불리한 카지노 게임에서도 게이머가 유리한 위치를 차지할 수 있는 가장 효과적인 비결이다.

전문 투자자의 약점을 공략하라

투자의 세계 역시 카지노의 세계와 그런 점에서 비슷하다. 일반 투자자는 절대 애널리스트, 펀드매니저 같은 전문 투자자보다 우위에 있을 수 없다. 애널리스트, 펀드매니저는 프로다. 투자로 먹고 사는 사람들이다. 반면 일반 투자자는 아마추어다. 아무리 아마추어의 실력이 좋다 하더라도 프로와는 현격한 차이가 있다. 일단, 프로는 정보력에서 차이가 난다. 고급 정보는 인터넷에 떠돌아다니지 않는다. 책이나 신문 같은 인쇄물에서도 찾을 수 없다. 인쇄물이나 인터넷의 정보는 이미 시간이 흘러 고급 정보로서의 가치가 사라진 이후의 정보다.

고급 정보는 해당 이너 그룹에서 말로 소통된다. 이건 투자 부문만이 아니라 어떤 부문에서도 마찬가지다. 미술 부문의 중요한 정보는 미술계 사람들 사이의 소문 속에 있고, 학계에서의 중요한 정보도 학자들 사이의 이야기 속에 있다. 마찬가지로 투자에서의 중요한 정보도 전문 투자자들끼리 나누는 말 속에 있다. 내가 혼자서 아무리 정보를 습득하려고 해도 되지 않는 이유가 바로 이것이다. 해당 부문에서 고급 정보를 들으려면 일단 그 부문의 내부자가 되어야 한다. 그리고 그들과 항상 소통을 해야 한다. 이런 의사소통은 그 부문을 직업으로 삼고 있는 사람들 사이에서 이루어지는데 일반 투자자는 이런 의사소통에 낄 수 없다.

또한 자금력에서도 일반 투자자는 전문 투자자의 상대가 될 수 없다. 일반 투자자가 수십억 원을 운용한다면 정말 대단한 일이다. 그런데 그 대단한 돈도 전문 투자자들에게는 별로 대수롭지 않은 액수다. 전문 투자자들은 막대한 규모의 자본을 굴리고 있다. 자본력이 중요한 투자의 세계에서 일반 투자자는 전문 투자자의 상대가 되지 못한다. 일반 투자자가 전문 투자자와 1:1로 붙으면 일반 투자자는 반드시 질 수밖에 없다. 펀드매니저 등 기관투자자, 외국인투자자는 수익을 얻지만 개미 투자자들은 잃기만 하는 게 당연하다.

하지만 일반 투자자에게 유리한 점이 있다. 투자 시점을 자기 스스로 정할 수 있다는 점이다. 카지노에서 나에게 유리한 흐름일 때 유리하다고 생각되는 시점만 골라서 베팅을 할 수 있듯, 투자자도 자기에게 유리할 때만, 분명히 이긴다고 생각될 때만 투자에 들어가는 것이 가능하다. 카지노에서는 조금 불리하거나 이상하다 싶으면 베팅을 더 안 해도 괜찮다. 마찬가지로 투자자도 시장 분위기가 좋지 않으면 바로 빠져나올 수 있다.

　기관투자자는 그렇게 할 수 없다. 본인에게 배당된 투자금은 반드시 투자에 사용해야 한다. 시장이 좋지 않다고 해서 주식을 사지 않고 현금으로만 갖고 있어선 안 된다. 무조건 주식을 사서 갖고 있어야 한다. 주식 시장이 하락할 것으로 예상되더라도 주식으로 갖고 있어야 한다. 기관투자자는 자기가 원하는 시점에만 투자할 수 없다. 투자를 시작하는 시점과 투자를 끝내는 시점이 정해져 있고, 그 사이에는 무조건 투자를 해야 한다.

　투자의 세계에서 이 차이는 상당히 큰 영향을 미친다. 유리한 시점에만 투자를 하느냐, 아니면 무조건 투자를 해야 하느냐의 차이다. 언제든지 투자를 그만둘 수 있는가, 투자를 그만두지 못하고 계속 현재 상태를 유지해야 하는가의 차이이기도 하다. 어느 쪽이 더 유리한가 묻는다면 당연히 투자 시점을 조정할 수 있는 쪽이다. 일반 투자자들이 전문 투자자들보다 나은 점은 바로 이 포인트다.

　부동산 같은 다른 투자 상품도 마찬가지다. 일반 투자자는 부동산 개발자와 중개사를 이길 수 없다. 부동산 시장의 갑은 개발사와 분양사, 중개사들이다. 우리들 같은 일반 투자자들은 정보력 측면에서 상대가 되지 않는다. 일반 투자자들은 오피스텔, 상가, 아파트 등 부동산 상품의 원가가 얼마인지조차 제대로 알지 못한다. 우리가 내는 돈 중에서 어느 정도가 이들의 이윤인지도 모르고, 건물에 대놓고 밝히지 않는 어떤 하자가 있는지도 모른다. 그러면서도 돈을 주고 부동산 상품을 사는 우리들은 그들에게 먹잇감일 뿐이다.

하지만 일반 투자자는 부동산을 살지 말지, 언제 살지를 결정할 수 있는 권한이 있다. 일정 기간 내에 무조건 팔아야 하는 개발사나 분양사와, 살지 말지, 그리고 언제 살지를 마음대로 할 수 있는 일반 투자자. 일반 투자자에게 유리한 포인트는 바로 이 점이다.

일반 투자자가 수익을 얻기 위해서는 일반 투자자만의 이점을 살려야 한다. 일반 투자자가 수익을 얻기 위해서는 투자에 들어가고 나오는 시점에 초점을 맞춰야 한다. 전문 투자자들만의 홈그라운드에서 이런 시점은 자주 오지 않는다. 일반 투자자에게 유리한 타이밍은 아주 가끔 한 번 정도 올 뿐이다. 그리고 일반 투자자는 그 한 번을 노려야 한다. 카지노에서 어쩌다 한 번 유리할 때 베팅을 하듯, 투자도 어쩌다 한 번 해야 한다. 타율이 아무리 높은 강타자라 하더라도 모든 공에 다 배트를 갖다 대진 않는다. **평소에는 타이밍을 계속 노리다가 유리한 시점에 투자에 들어가는 것.** 일반 투자자가 전문 투자자들 사이에서 계속 게임을 해나가려면 그 방법밖에 없다.

얼마를 잃을지
자신이 결정한다

승부 게임이 아니라 베팅 게임이다

게이머가 카지노보다 가장 유리한 점은 게임을 할지 안 할지의 선택권이 게이머들에게 있다는 점이다. 게이머는 자기가 유리하다고 생각될 때만 게임에 참여해도 된다. 반면 카지노는 게이머가 게임을 하자고 하면 무조건, 언제든지 참가해야 한다.

물론 예외가 없는 건 아니다. 카지노에도 게이머를 거절할 권리가 있다. 게이머가 항상 카지노에서 돈을 벌어가기만 하면 카지노는 그 게이머의 출입을 거절할 수 있다. 카지노에서 돈을 벌어가기만 하는 카지노 도박사는 항상 존재해 왔다. 카지노는 이런 게이머의 출입을 금지하고, 다른 카지노들과 서로 정보를 공유하면서 문제의 카지노 도박사가 자신의 카지노에 들어오는 것을 막았다. 이렇게 출입이 금지된 미국의 한 도박사가 카지노를 상대로 소송을 제기한 적도 있다. 판결 결과는 카지노에 게이머를 선택할 권리가 있음을 인정한다는 것이었다. 카지노는 특정 게이머의 출입을 금지할 수 있다. 하지만 이렇게 카지노로부터 출입금지를 당하려면 수십만 원, 수백만 원을 계속 따는 수준으로는 부족하다. 수십만 달러, 수백만 달러를 계속해서 게이머가 벌어야 카지노로부터 관심의 대상이 되고 출입금지 명단에 올라간다. 그런 정도가 아니라면 카지노는 게이머들의 게임 요청을 거절하지 않는다.

그런데 이것 말고도 게이머가 카지노보다 유리한 점이 더 있다. 바로 베팅 금액을 결정하는 자가 게이머라는 점이다. 얼마를 베팅할지, 그래서 얼마를 잃을지는 카지노가 아닌 게이머가 결정한다. 그리고 게이머는 자신이 베팅하는 금액 이상의 돈을 잃지 않는다. 한 게임을 할 때 얼마를 딸지는 게이머가 알 순 없지만 얼마를 잃을지는 어떤 게이머든 확실히 알 수 있다.

포커나 고스톱 같은 게임을 보자. 포커는 한 게임을 시작할 때 그 게임에서 얼마를 잃을지 미리 예측할 수 없다. 중간에 상대방이 베팅 금액을 올리면 나도 그에 맞춰 베팅 금액을 올려야 한다. 마지막에 카드를 펴고 승부를 가릴 때까지 천 원이면 될지, 만 원이 필요할지, 10만 원이 필요할지 알 수 없다. 고스톱의 경우에도 상대방이 몇 점을 나느냐에 따라 내가 잃는 금액이 달라진다. 나는 더 잃고 싶지 않아도, 상대방이 200점이 나버리면 그에 대한 돈을 지불해야 한다. 어느 정도 손실을 볼지 내 마음대로 정하는 게 아니다.

하지만 카지노 게임에서는 내가 얼마를 잃을지 확실히 정해져 있다. 바로 내가 베팅한 금액이다. 어떤 결과가 나오더라도 내가 베팅한 금액 이외에 더 잃지 않는다. 얼마를 벌지는 게이머가 통제할 수 없어도, 얼마를 잃을지는 게이머가 확실하게 통제할 수 있다.

카지노 측은 다르다. 블랙잭 게임을 할 때 게이머가 블랙잭이 나오면 베팅한 금액의 1.5배를 돌려줘야 한다. 룰렛에서 게이머에게 줘야 할 돈은 2배에서 36배까지 달라질 수 있다. 다이사이에서는 2배로 돌려줄 때도 있고 150배를 줘야 할 때도 있다. 카지노는 게임에서 질 때 얼마를 지불해야 할지 알지 못한다.

그러니 카지노가 돈을 더 벌기 위해서는 게이머가 베팅을 더 많이, 정확히 말해서는 더 자주 해줘야 한다. 물론 카지노는 게이머가 많은 금액을 베팅해주길 원한다. 그래야 카지노의 수익이 증대될 수 있으니까. 그런데 베팅 액수는 카지노가 정할 수 없다. 정하는 것은 게이머다. 게이머가 베팅한 돈, 딱 그 정도가 카지노가 벌 수 있는 돈이다.

카지노 게임은 카지노에게 유리하도록 설계되어 있다. 아무리 게이머가 카지노 게임을 열심히 하더라도 카지노를 이기긴 힘들다. 이기기 위해 게이머가 할 수 있는 건 카지노 게임에서 많이 이기는 것이 아니다. 승부에서 이기는 것보다 베팅을 어떻게 하느냐가 더 중요하다. 승패는 카지노에게 끌려 다닌다고 봐야 한다. 경기 자체는 카지노에게 끌려 다니지만, 돈을 잃을지의 여부는 게이머가 결정한다. 아무리 카지노가 많이 이겨도 게이머의 베팅 금액이 적으면 카지노가 버는 돈은 적다. 게이머가 아무리 카지노 게임에서 많이 이기지 못하더라도, 이겼을 때 베팅액이 크다면 합계로는 게이머의 수익이 더 크다.

카지노를 승부 게임이라고 생각하면 게이머는 결코 카지노에서 돈을 벌 수 없다. 하지만 카지노를 베팅 게임이라고 생각하면, 돈을 벌 수 있는 길이 보인다. 승부 자체는 카지노에게 유리하게 설계되어 있지만, 베팅 구조는 게이머에게 유리하기 때문이다. 게이머는 어떻게 승부에서 이길까보다 베팅을 언제 어떻게 할 것인가에 더 초점을 맞춰야 한다.

투자 종목보다 투자 금액에 신경 써라

주식 투자에서 가장 중요한 것은 무엇일까? 어떤 종목이 오르는지 어떤 종목이 내리는지를 알아내는 것일까? 물론 어떤 종목이 오를지를 판단하는 것은 중요하다. 하지만 어떤 종목이 오를지 미리 알아낸다고 해서 내가 돈을 벌 수 있는 것은 아니다. 그 주식을 사야만 돈을 벌 수 있다. 그런데 그 주식을 사면 정말로 부자가 될 수 있을까? 오르는 종목을 미리 발견하고 그 주식을 사놓는다고 해서 충분한 돈을 벌지는 못한다. 그 주식을 '많이' 사놓아야만 돈을 벌 수 있다. 주식이 10% 오를 거라고 예측하고 실제 10%가 오르더라도, 그 주식을 100만 원어치만 사놓았다면 10만 원을 벌 뿐이다. 돈을 벌어서 좋기는 하겠지만, 이런 식으로는 평생 주식 투자를 해도 부자가 될 수 없다.

만약 똑같이 예측을 했을 때 1억 원어치를 사면 천만 원을 벌 수 있다. 이렇게 계속 투자를 하면 경제적으로 큰 이득을 얻을 수 있다. 하지만 이 경우 1억 원어치를 샀는데 예상했던 것과 달라지면 큰 손해를 본다. 100만 원어치만 샀다면 10만 원을 손해보고 끝날 텐데, 1억 원어치를 샀다면 천만 원을 손해 본다. 투자에서 돈을 버느냐 마느냐, 부자가 될 수 있느냐 아니냐는 주가를 예측하는 데서 오는 것이 아니다. 얼마를 베팅하느냐에 따라 달려 있다. 어떤 종목을 사느냐보다 더 중요한 것이 얼마를 베팅하느냐이다.

'투자의 단계론'이라는 것이 있다. 1단계는 어떤 주식 혹은 부동산 가격이 오를지 내릴지를 예측하는 단계이다. 이 단계는 많은 사람들이 하고 있다. 그 예상이 맞고 틀림의 문제는 있지만, 이런 예상이 맞을 확률은 기본적으로 50%라고 봐야 한다. 틀리든 맞든, 많은 사람들이 주식이나 부동산의 가격을 예측한다.

2단계는 오를 것이라고 예상하는 종목을 실제로 구매하는 것이다. 1단계에서 많은 사람들이 예측은 하지만, 대부분 사지는 않는다. 예측하는 것과 진짜로 사는 것은 완전히 다르다. 웬만한 예측으로는 직접 사지 못한다.

3단계는 사기는 사되, 많이 사는 것이다. 큰 금액, 자기가 가진 재산의 많은 부분을 집어넣는 것이다. 성공적인 투자를 하려면 이 3단계가 필요하다. 자신의 예측을 믿고 많은 돈을 투자해야 한다. 여기에서 성공하면 큰돈을 벌 수 있다. 1단계를 아무리 잘해도 돈을 벌진 못한다. 2단계를 잘하면 돈을 벌기는 하지만 푼돈, 용돈을 벌 뿐이다. 3단계를 잘해야만 큰돈을 버는 것이 가능해진다. 성공적인 투자자가 되기 위해서는 이 3단계가 필요하다.

많은 사람들은 주식 투자를 한다고 할 때 어떤 종목이 오를지를 예측하는 데 시간을 다 보낸다. 어디 부동산이 좋은지, 어떤 투자 상품이 좋은지를 찾는다. 하지만 정말 중요한 것은 **무엇이 오를지보다 어느 정도의 금액을 투자할지이다.** 우리를 부자로 만들어주는 것, 그리고 망하게 하는 것은 투자 금액이지, 종목이 아니다.

기다림을
두려워 말라

베팅을 하지 않는 것도 베팅이다

내가 카지노 게임을 할 때 가장 어려워했던 시간 중 하나는 베팅을 하지 않고 그냥 기다리는 시간이었다. 나는 기본적으로 승패가 50:50인 게임에서 한쪽이 다섯 번 이상 연속해서 나오는 경우 베팅에 들어갔다. 룰렛을 할 땐 빨강이나 검정이 다섯 번 연속해서 나올 때 그 반대편에 베팅을 시작한다. 느낌이 이상하거나 기분이 좋지 않을 때는 다섯 번 연속 같은 색이 나와도 패스하고, 여섯 번 연속 나왔을 때, 아니면 일곱 번 연속 나왔을 때 베팅을 시작했다. 그런데 이런 식으로 베팅을 할 때의 문제가 무엇인가 하면, 베팅할 수 있는 기회가 그리 많지 않다는 점이다. 베팅할 수 있는 기회가 10분, 20분 간격으로 계속해서 나올 때도 있다. 하지만 한 시간이 지나도 나오지 않을 때도 많다. 한 테이블만 계속 쳐다보며 빨강이 다섯 번 연속 나오는 경우, 검정이 다섯 번 연속으로 나오는 경우를 기다리는 것은 바보 같은 짓이다. 그런 경우는 몇 시간을 기다려야 한 번 있을까 말까다. 그래서 이 방법은 하나의 테이블만 대상으로 놓고 사용할 수 없다.

그래서 카지노를 돌아다녔다. 당시 룰렛 테이블은 2개 있었고, 다이사이 테이블이 하나 있었다. 이 테이블을 계속 돌아다니면서 베팅 기회가 나왔는지 살폈다. 룰렛에서는 검정-빨강, 대-소, 홀-짝의 5:5 게임 이외에 1~12, 13~24, 25~36 사이의 숫자에 베팅하는 것, 그리고 1-4-7열, 2-5-8열, 3-6-9열 등 열에 베팅하는 것도 있다. 룰렛의 한 테이블에서 베팅을 할 수 있는 아웃사이드 게임이 9개다. 룰렛 테이블이 2개가 있으니 대상은 모두 18개다.

다이사이에서는 대-소, 홀-짝 게임 2개가 있어 모두 20개의 게임이 진행된다. 이 중에서 하나만 다섯 번 연속 나오는 경우가 발생하면 된다. 그런데 그것이 쉽지 않다. 어떨 때는 금방 나오지만, 또 어떨 때는 정말 나오지 않는다. 한 시간을 기다려도 베팅 기회가 나오지 않는 경우가 심심찮게 발생한다.

한 시간 동안 아무 베팅도 하지 않고 카지노 안에 있기만 하는 게 생각만큼 쉬운 일은 아니다. 처음에는 다른 게임들은 무엇이 있나 구경하러 다녔다. 바카라나 빅휠 등 다른 게임을 알게 된 것도 이렇게 베팅을 하지 않는 시간에 카지노를 돌아다니다가 새로 배우게 된 것이다. 하지만 그것도 한두 번이다. 계속해서 베팅 기회가 올 때까지, 다섯 번 이상 연속으로 한 경우가 나올 때까지 기다리기만 하는 건 너무 지겹다. 그러다 보면 아직 다섯 번 연속이 아닌데도 '그냥 베팅을 할까'라는 생각이 든다. 사실 다섯 번 연속 나오는 것이나, 네 번 연속 나오는 것이나 무슨 차이가 있을까? 다섯 번 연속해서 나온 경우에 베팅을 시작하면 대부분 여섯 번째나 일곱 번째쯤에 결론이 나왔다. 열 번 연속 나와 내 가슴이 타들어가는 경우는 어쩌다 발생하고 대부분 아홉 번 전에 수익이 났다.

그러니 다섯 번 연속으로 나올 때까지 기다리지 않고 네 번 연속 나왔을 때 들어가도 큰 차이는 없는 것 아닌가. 다섯 번 연속 나왔을 때 많아도 여덟, 아홉 번째에서 수익이 난다면, 네 번 연속 나왔을 때 베팅을 시작하면 늦으면 아홉, 열 번째에는 수익이 난다는 뜻이다. 네 번 연속으로 나왔을 때 베팅을 시작하나 다섯 번 연속으로 나왔을 때 베팅을 시작하나 별 차이가 없다. 그러니 다섯 번 연속까지 기다리지 말고 네 번 연속으로 나왔을 때 베팅을 시작해도 괜찮지 않나?

베팅을 하지 않고 그냥 기다리기만 하면 어떤 수익도 없다. 나는 카지노에 구경하러 온 게 아니라 돈을 벌기 위해 왔다. 돈을 벌려면 베팅을 해야 한다. 그런데 한 시간 넘게 베팅을 하지 않고 그냥 시간을 허비하고 있다. 이럴 바에는 연속으로 네 번밖에 안 나와도 베팅을 시작하는 게 낫지 않나?

　논리적으로는 그럴 듯하지만 이런 생각에 넘어가서는 안 된다. 사실은 엄청난 차이가 있다. 다섯 번 연속 나올 때 베팅을 시작한다 하더라도 하루에 한 번 정도는 모든 돈을 잃을 위험이 발생한다. 그런데 네 번 연속 나올 때 베팅을 시작하면 하루에 두 번이나 모든 돈을 잃을 위험이 발생한다. 확률적으로 두 배의 차이다. 게다가 실제로는 두 배보다 더 크다. 가슴을 졸이면서 '이러다가 망한다', '이번에도 안 나오면 어떡하지' 하며 패닉에 빠지는 경우가 많아지기 때문이다. 이래서는 버티기 힘들다. 한두 번은 버텨내도 결국은 잃게 된다.

　지금 딱 한 번만 네 번 연속 나올 때 베팅하고, 다음에는 원래대로 다섯 번 연속일 때 베팅하면 되지 않을까? 그런데 그게 마음대로 되지 않는다. '이번 딱 한 번만 네 번 나올 때 베팅'을 하면 다음에 비슷한 상황이 되었을 때 또 네 번 만에 베팅을 하게 된다. 결론은 이거다. '무슨 일이 있더라고 네 번 연속일 때 베팅을 하면 안 된다.' 기다리는 상황이 나오지 않아도 나올 때까지 기다려야 한다. 기다리기 지겨워서, 기다리는 시간이 아깝다고 베팅을 하면 안 된다. 처음에 만든 기준에 맞는 기회가 올 때까지 기다려야 한다.

몇 년이 걸려도 기다려라

주식의 경우 나는 PER가 얼마 이하, PBR이 얼마 이하, 영업이익 성장률이 얼마 이상, 부채 비율이 얼마 이하, 배당률은 얼마 이상 등등 투자해야 하는 조건을 스스로 생각하고 만든다. 어느 정도여야 충분히 안정적으로 수익이 날 수 있는지 여러 기준들을 생각해둔다. 그런데 문제는 이런 조건들을 충족하는 주식이 거의 없다는 점이다. 그러면 고민에 빠진다. 이 기준이 좋기는 한데 기준에 맞춰 살 주식이 없다. 그러면 기준을 좀 낮추면 되지 않을까?

부동산의 경우에도 전철역에서 가까워야 하고, 월세 수익률은 얼마 이상이어야 하고, 가격대는 어떠해야 한다는 등 원하는 조건에 맞춰서 사려고 한다. 그런데 그 조건에 맞는 부동산은 좀체 없다. 그러면 조건에 맞는 부동산이 나올 때까지 기다려야 할까, 아니면 조건을 낮춰야 할까? 카지노에서의 경험은 이럴 때 어떻게 해야 하는지를 분명히 말해줬다. 기다려야 한다. 자신의 조건에 맞는 경우가 나올 때까지 기다려야 한다. 돈이 부족한 경우에는 충분히 기다릴 수 있다. 반면 투자 자금이 충분히 있을 때 사지 않고 그냥 기다리는 건 굉장히 힘들다.

A 주식이 3만 원 이하로 떨어지면 사려고 계획했다. 그런데 현재 A 주식은 4만 원이 넘는다. 언제 3만 원으로 떨어질지 기약할 수 없

다. 지금 4만 원 넘는 주식이 3만 원 이하로 떨어지는 날이 과연 올지 의심된다. 4만 원이 넘는 주식을 3만 원에 사려고 하는 내가 나쁜 도둑놈 아닌가라는 생각도 든다. 돈이 없으면 차라리 괜찮다. 그런데 지금 주식을 살 수 있는 돈이 수백, 수천만 원 있다. 이 상태에서 A 주식이 3만 원 이하로 떨어질 때까지 기다릴 수 있나?

막상 투자를 해보면 이 부분이 어렵다. 몇 날, 몇 주 기다리다가 사버리려고 한다. 하지만 그러면 안 된다. 몇 날이나 몇 주 정도는 기다리는 축에도 들지 않는다. 적어도 몇 개월, 몇 년은 기다릴 마음을 먹고 투자를 해야 한다. 조급함에 지고 초조함에 넘어가는 순간, 카지노에서든 투자에서든 당신은 패배자의 길목에 들어서게 될 것이다. 정 3만 원 이하로 떨어지지 않으면 인연이 없는 것으로 생각하고 다른 괜찮은 주식이 없는지 찾아보는 게 더 낫다. 이 테이블은 아직 때가 아니라며 다른 테이블도 돌아보는 게이머처럼 말이다. 어떤 경우에도, 생각해놓은 기준을 변경하면 안 된다.

카지노 게임은 계속 굴러가도 막상 베팅할 수 있는 기회는 어쩌다 한 번 온다. 수십 번 중 한두 번이다. 투자도 마찬가지다. 투자 기회는 이따금 한 번 오지, 항상 널려 있는 것이 아니다. **돈이 있다고 투자를 해버리면 재미는 있겠지만 수익은 없다.**

매일 사고파는 행위는
무의미하다

카지노의 커미션과 거래 횟수

카지노는 돈을 번다. 누구나 다 알고 있는 사실이다. 카지노에서 게임을 하면 게이머는 돈을 잃고, 카지노는 돈을 번다. 그런데 카지노는 어떻게 돈을 버는 걸까? 카지노 게임이 카지노에 훨씬 더 유리하기 때문에 카지노가 항상 돈을 버는 것일까? 그렇진 않다. 카지노 게임은 다른 게임에 비해 비교적 공정한 게임에 속한다.

축구 경기에서는 두 팀의 전력 차이가 비슷해서 승패를 알 수 없다 해도 스포츠 도박 베팅 비율이 55:45는 된다. 카지노 게임의 51:49나 52:48 정도의 차이는 사실 거의 없는 거나 마찬가지다. 일반적인 감각으로는 50:50이다. 그래서 사람들이 카지노에 계속 가는 것이다. 카지노가 정말 불공정하고 게이머가 돈을 딸 수 있는 기회도 적다면 그렇게 많은 사람들이 계속해서 카지노에 갈 리 없다.

확률적으로도 거의 대등하고, 실제로 게임을 할 때도 그리 불공정하지 않기 때문에 카지노 게임을 하는 것이다.

하지만 카지노는 돈을 버는데, 게이머는 돈을 잃는 것이 사실이다. 왜 그럴까. 카지노는 게이머와의 게임에 이겨서 돈을 벌지 않는다. 카지노는 게이머에게 커미션을 받아서 돈을 번다. 그것도 직접적인 방식이 아니라 간접적인 방식이며, 생각과 달리 세상의 다른 '공정한' 게임들보다 커미션 비율도 그렇게 높지 않다.

예를 들어 다이사이에서는 1-1-1, 2-2-2, 3-3-3, 4-4-4, 5-5-5, 6-6-6 이렇게 똑같은 숫자 3개가 나오는 경우, 여기에 베팅한 사람에게만 돈을 주고 나머지 베팅에 걸린 돈은 카지노측이 모두 가져간다. 6-6-6이 나오면 총합이 18이니 大에도 해당하고, 짝수에도 해당한다. 하지만 이 경우 카지노는 大에 돈을 건 사람, 짝수에 돈을 건 사람에게 배당을 하지 않는다. 똑같은 숫자가 세 개 나온 특수한 경우에는 숫자를 정확히 맞힌 베팅을 제외한 다른 베팅에는 지불을 하지 않고 카지노가 모두 챙긴다. 평소에 게이머에게 져서 지불을 하는 액수도 마냥 공정한 것만은 아니다. 배당률 자체가 카지노에 아주 조금 유리하다. 이를테면 다이사이에서 주사위 3개의 합이 8이 나올 확률은 9.72%(21/216의 확률)다. 완벽하게 공정한 배당률이라면 8에 베팅해서 맞춘 경우에 배당률은 9.72배다. 하지만 다이사이 게임에서 8이 나올 때 실제 배당률은 8배다. 이 1.72의 차이가 카지노의 커미션이다.

그래도 카지노 게임은 그렇게 불공정하지 않다. 카지노만 돈을 벌고 게이머는 돈을 잃기만 하는 게임은 아니다. 어쨌든 카지노의 승률이 조금 더 높으니 카지노에 유리한 시스템이 아니냐고 할지 모르지만, 사실 다른 어떤 것보다 카지노의 커미션은 적은 편이다.

복권의 경우 커미션은 50%에 달한다. 만 원어치 복권이 있다면, 그 중 당첨자들에게 돌아가는 몫은 대충 5천 원 정도다. 물론 내가 당첨이 안 되면 그 5천 원조차 받지 못한다. 한국의 경마, 경륜, 경정 등 사행산업의 경우 커미션이 30%이다. 마권 구매자들이 만 원을 내면 3천 원을 경마장이 가져가고 나머지 7천 원을 경마 결과를 맞힌 사람들에게 나눠 준다. 외국의 경우 한국보다 커미션이 적긴 하지만 10%는 넘는다. 주식의 경우에도 주식거래세로 0.5%, 수수료 평균 0.48%(온라인 0.16%, 오프라인 0.48%)로 커미션이 1% 가까이 된다. 이것만 보면 주식이 더 낮은 것 같지만 주식으로 일정 이상의 수익을 얻으면 세금을 내며, 배당금에 대한 세금도 내야 한다. 이 세금들이 수익의 20%대다. 카지노보다 커미션이 높다. 카지노 게임의 커미션 1~2%는 다른 게임에 비해 상대적으로 공정한 것이다.

그런데 이 1~2%가 중요하다. 카지노는 도박판을 열 때마다 1% 정도의 돈을 챙긴다. 한 번, 두 번은 별 것 아닌 것처럼 보이지만, 게임할 때마다 1%씩 챙기면 결국 카지노의 수익이 커진다. 만 원으로 고스톱을 한다고 할 때, 옆에서 카지노가 한 판당 1%를 가져간다면 한 판에 100원을 챙겨간다는 뜻이다. 한 판이면 100원이지만, 10판이면 천 원이 된다. 100판이면 만 원이다. 고스톱 100판을 하면 게이머는 준비해간 돈을 다 잃는데 카지노는 만 원을 번다.

그래서 카지노의 수익은 게이머가 얼마나 게임을 많이 하는가에 따라 결정된다. 게이머가 100판을 하면 만 원을 버는 것이고, 1,000판을 하면 십만 원을 버는 식이다. 게이머가 게임을 잘 하는지 못하는지, 게이머가 이기는지 지는지는 별 관계없다. 승부에서 이기는 게이머도 있고 승부에서 지는 게이머도 있다. 하지만 카지노의 이익은 게이머의 승패와 아무 상관없다. 많은 게이머들이 게임을 오래 할수록 수익이 나는 구조다.

그럼 게이머는 어떻게 해야 수익을 얻는 확률을 높일 수 있을까? 카지노와 게이머는 서로 역의 관계에 있다. 카지노가 돈을 벌면 게이머는 잃고, 게이머가 돈을 벌면 카지노는 잃는다. 둘 다 돈을 벌 순 없다. 카지노는 게이머가 게임을 많이 하면 할수록 돈을 번다. 그러니 게이머가 돈을 벌 수 있는 방법은 게임을 많이 하지 않는 것이다. 물론 카지노에서 수익을 얻으려면 게임을 하지 않을 수는 없다. 하기는 해야 한다. 하지만 게임에 베팅하는 횟수는 최소한으로 줄여야 한다. 모든 게임에 베팅하는 것이 아니라, 어쩌다 한 번, 분명히 될 것 같다는 확신이 있을 때만 베팅을 해야 한다. 베팅 수를 줄

이면 줄일수록 카지노에서 수익을 얻을 확률이 늘어난다.

묵혀둔 주식이 귀하다

주식과 같은 실제 투자도 날마다 사고팔고를 계속하면 의미 있는 수익이 생기지 않는다. 나는 데이트레이딩식으로도 투자해봤고, 사서 며칠 갖고 있다가 파는 것도 해봤다. 잃을 때도 있지만 수익이 날 때도 많았다. 한 번 거래할 때마다 수십만 원의 수익을 얻고 며칠 만에 수백만 원의 수익을 올리기도 했다. 그런데 분명히 돈을 버는 것 같은데도 큰돈은 만들어지지 않았다. 돈은 따는 것 같은데 막상 큰 수익은 생기지 않았다. 자잘하게 번 돈은 자잘하게 나간다. 각각의 거래에서는 돈을 벌었는데 통장 액수는 별 차이가 없다.

오히려 거래하지 않고 오랫동안 묵혀둔 주식에서 큰 수익이 난다. 사놓았지만 거래하지 않고 오래 묵혀둔 주식, 자산에서 수익이 더 크다. 날마다 거래하는 주식 혹은 일주일 이내, 한 달 이내에 거래한 주식에서는 수익이 난다고 해도 얼마 되지 않는다. 고작해야 수십, 수백만 원 수준이다. 그런데 몇 개월 동안 거래하지 않고 놔둔 주식이나 1년을 넘긴 주식, 수년 동안 놔둔 주식에서는 수천, 수억 원대의 수익이 나온다. 재산 증식에 도움이 되는 것은 이렇게 오랫동안 묵혀둔 주식, 자산들이다. 자주 거래하는 주식에서는 이런 수익이 나오지 않는다.

거래는 자주 하지 않는 편이 좋다. 거래를 자주 하면 잃을 확률이 높아진다. 거래 횟수를 최소한으로 줄일 때 큰 수익을 올릴 확률이 높아진다. 확실하다고 느낄 때, 가끔 한 번만 거래해야 한다.

일확천금은
불가능하다

큰돈을 베팅해야 큰돈을 번다

사람들은 카지노에 가는 이들이 일확천금을 노린다고 생각한다. 카지노에서 큰돈을 벌어 부자가 되길 바라는 이들이 카지노에 간다고 여긴다. 그런데 카지노란 곳이 정말로 부자가 될 수 있는 곳일까? 카지노에서 승리하면 큰돈을 벌고 큰 부자가 될 수 있을까? 카지노는 그런 곳이 아니다. 카지노에서 돈을 벌 순 있다. 하지만 큰돈을 벌지는 못한다. 카지노에서 일확천금을 벌어 큰 부자가 되는 건 거의 불가능하다.

물론 카지노에서 수십억, 수백억 원의 돈을 벌었다는 기사가 가끔 나오기는 한다. 그런데 그것은 카지노 게임을 통해서 번 것이 아니다. 슬롯머신으로 번 것이다. 한국에도 강원랜드에서 7억 원을 번 사례가 있는데 이것도 슬롯머신에서 잭팟이 터진 것이다.

슬롯머신은 그야말로 로또와 같다. 많은 사람들이 돈을 넣고 기계를 돌리다가 보면, 어쩌다가 한 번 당첨이 된다. 그러면 그동안 많은 사람들이 오랜 기간 동안 슬롯머신을 하면서 잃은 돈이 한꺼번에 한 사람에게 지급된다. 더도 덜도 아닌 딱 로또다. 슬롯머신에서 우리가 할 수 있는 전략은 하나밖에 없다. 오랜 시간 당첨되지 않은 기계를 선택하는 것이다. 슬롯머신도 확률 게임이다. 오늘 당첨자가 많이 나온 슬롯머신은 내일 당첨을 거의 내지 않는다. 한동안 당첨자를 내지 않은 기계에서 당첨이 나온다.

라스베이거스에서 슬롯머신은 98%~99%의 환급률을 갖고 있다. 만 원을 집어넣으면 9,900원을 돌려준다. 사실 이정도면 엄청난 환급률이다. 카지노는 단지 1%의 우위를 차지하는 것이다. 그런데 문제는, 슬롯머신을 한 게임 하는 데 10초도 안 걸린다는 점이다. 우리가 할 수 있는 것은 스위치를 누르는 것밖에 없다. 1~2초면 한 게임이 끝난다. 카지노가 1%, 100원만 챙긴다고 해도 100번을 하면 100%를 가져가는 것이다. 스위치를 100번 누르는 데 오래 걸려봐야 10분~20분이면 끝난다. 무엇보다 슬롯머신은 게이머가 어떤 전략도 사용할 수 없고, 그동안 나온 것을 분석할 수도 없고, 추세를 살펴볼 수도 없다. 그래서 카지노 도박사들 사이에서는 슬롯머신은 하지 않는 것이 원칙이다. 슬롯머신은 관광객이 재미삼아서, 아니면 정말로 일확천금의 운을 바라고 하는 것이다. 카지노에서 제대로 돈을 벌고 싶다면 슬롯머신은 하지 않아야 한다.

슬롯머신을 제외한 다른 카지노 게임에서는 일확천금을 얻는 것이 불가능하다. 룰렛에서 가장 상금 배수가 높은 것이 한 숫자에 베팅해서 공이 그 숫자에 떨어지는 것이다. 그러면 36배의 배당금을 받는다. 물론 많은 금액이기는 하다. 그런데 이걸로 부자가 될 수 있을까? 만 원을 베팅하면 36만 원을 받는다. 10만 원을 베팅하면 360만 원을 받는다. 100만 원을 베팅하면 3천6백만 원을 받는다. 그런데 3천6백만 원을 번다고 해서 부자가 되나?

만약 천만 원을 베팅하면 3억 6천만 원을 받을 수 있으니, 천만 원을 베팅하면 그럭저럭 부자가 된 기분은 느낄 수 있지 않을까? 그런데 룰렛에서 하나의 숫자가 당첨될 확률은 1/38이다. 이런 확률에 천만 원을 걸 수 있나? 만 원, 10만 원이면 모를까, 천만 원을 룰렛에서 한 숫자에 거는 것은 일반인이 할 수 있는 일이 아니다. 정말로 부자인 경우만 가능하다. 이런 사람은 원래 부자인 것이지, 카지노에서 돈을 벌어 부자가 된 것이 아니다. 무엇보다 한국 강원랜드에서 룰렛 한 개의 숫자에 베팅할 땐 한도 금액이 만 원이다. 많아야 36만 원만 가져가라는 뜻이다. 10번을 맞혀도 3백6십만 원이다. 100번을 맞혀도 3천6백만 원이다. 1,000번이면 3억6천만 원이니, 신들린 듯이 쉬지 않고 계속해서 맞혀대면 언젠가는 가능할지도 모르겠다.

바카라, 블랙잭 같은 게임은 보통 자기가 베팅한 금액만큼만 상금으로 받을 수 있다. 10만 원을 넣으면 10만 원을 번다. 바카라에서 비기는 것에 베팅해 맞추면 7배를 벌 수 있긴 하다. 하지만 그래봐야 수십만 원 수준이다. 다이사이 게임에서 가장 높은 상금은 1-1-1, 2-2-2 식으로 세 개의 주사위가 똑같이 나오는 경우다. 이때 150배의 상금을 준다. 여기에도 만 원까지만 베팅할 수 있고, 당첨되어도 150만 원을 벌 뿐이다. 돈을 벌어서 좋기는 하겠지만 부자가 되는 것은 아니다.

카지노에서 돈을 벌 수 있기는 해도 일확천금은 어렵다. 원칙적으로 불가능하다. 큰돈을 벌기 위해서는 먼저 큰돈을 베팅해야 한다. 100만 원을 벌고 싶으면 100만 원을 베팅해야 한다. 먼저 큰돈을 갖고 있어야 큰돈을 벌 수 있는 것이지, 돈이 없는 사람이 갑자기 큰돈을 벌 순 없다.

카지노에서는 차근차근 돈을 벌어야 한다. 한 번에 만 원이나 5만 원, 아니면 10만 원이나 30만 원 정도씩 계속해서 돈을 벌어야 한다. 한 번에 조금씩 번 돈이 계속 누적돼서 나중에 큰돈이 된다. 한 번에 운이 좋아서 큰돈을 버는 것? 카지노에 그런 것은 없다. 카지노에서 한 탕을 노리면 다 잃게 된다. 카지노는 로또와 근본적으로 다르다. 조금씩 꾸준히 버는 것을 목표로 삼아야 한다. 일확천금을 바라서는 안 된다.

장거리 마라톤을 해야 한다

사람들은 투자를 할 때, 자기가 구입한 것이 폭등을 해서 큰돈을 벌 수 있길 바란다. 주식이 폭등을 해서 부자가 되길 바란다. 그런데 주식이 크게 오른다고 부자가 되나? 주식이 5배, 10배로 뛰면 이제 부자가 돼서 경제적으로 풍요롭게 살 수 있나?

카지노를 오래 하다 보면 가끔 횡재하는 경우가 나온다. 마찬가지로 주식을 오래 하다 보면 폭등하는 경우를 만나게 된다. 50% 오르는 경우는 자주 만난다. 2배, 3배 오르는 경우도 심심찮게 경험했다. 그러나 이렇게 오른다고 해서 부자가 될 수는 없다. 천만 원어치 주식을 사서 50%가 오르면 천오백만 원이 된다. 천오백만 원으로 부자가 됐다고 하면 사람들은 모두 웃을 것이다. 천만 원어치 주식을 샀는데 3배가 오르면 3천만 원이 된다. 투자금 규모가 이전보다 더 커지는 것이지, 부자가 되는 것은 아니다.

10억 원어치 주식을 갖고 있는데 3배가 오르면 30억 원이 된다. 이럴 땐 일확천금이라고 해도 괜찮다. 30억 원 정도가 되면 부자 소리를 들을 수 있다. 그러나 처음에 10억 원어치 주식을 사는 사람, 특히 어느 한두 종목에 10억 원을 투자하는 사람은 주식을 사기 이전에 이미 부자였을 가능성이 크다. 이건 원래 부자가 더 큰 부자가 되는 것이지, 주식 투자를 통해서 일반인이 부자가 되는 것이라고 할 수 없다.

투자는 일확천금이 아니다. 복권과 로또는 일확천금이지만, 투자는 일확천금으로 부자가 되는 것이 아니다. 카지노에서는 조금조금, 한 게임 한 게임 이기면서 돈을 벌어야 한다. 베팅에 한 번 성공해서 큰돈을 버는 경우는 없다. 투자도 마찬가지다. **한 번의 투자에서 조금씩 벌고, 그 금액이 누적되면서 돈이 많아지는 것이다.** 아무리 주식이 폭등을 한다고 해도 하루 이틀 사이에 끝나는 일이 아니다. 한두 번 투자를 잘해서 되는 일도 아니다. 투자에 성공해서 부자가 됐다는 말을 듣기 위해서는 오랜 기간 꾸준히 해 나가는 것이 필요하다. 투자는 장거리 마라톤이다.

세 가지 기법 -
추세 추종, 평균 회귀, 가치 투자

카지노와 투자, 모두에 가능한 기법

카지노에서 수익을 얻는 기법으로 언급되는 것은 기본적으로 세 가지다. 지금 나오고 있는 것들이 앞으로도 계속 나올 것으로 예측하고 그에 따라 베팅하는 방법, 지금까지의 확률상 나와야 하는데 나오지 않은 것들이 앞으로 많이 나올 것으로 예측하고 베팅하는 방법, 그리고 지금 나오진 않지만 앞으로 분명히 나올 것으로 예측하고 베팅하는 방법이다. 그런데 이 세 가지 방법은 투자 이론에서 말하는 투자 방법과 거의 유사하다. 지금 나오고 있는 것들이 앞으로도 계속 나올 것으로 예측하고 투자하는 것은 추세 추종 기법이다. 지금까지의 확률상 나와야 하는데 나오지 않는 것들에 대해 투자하는 것은 평균 회귀 방법이다. 지금은 아니지만 앞으로 분명히 나올 것으로 기대하고 투자하는 것은 가치 투자 방법이다. 카지노에서 이익을 얻기 위한 방법과 투자에서 이익을 얻기 위한 방법은 기본적으로 동일하다.

추세 추종 기법은 특히 바카라에서 많이 사용된다. 바카라에서는 뱅커Banker면 뱅커, 플레이어Player면 플레이어가 7회 이상, 열 번 정도 계속 나오는 경우가 있다(자세한 게임 룰은 부록을 참고하라). 추세 추종 기법을 사용할 경우, 이때가 바카라에서 큰돈을 벌 수 있는 기회다. 30만 원을 뱅커에 계속 베팅하고, 뱅커가 10회 연속적으로 나오면 300만 원을 벌 수 있다. 물론 언젠가는 플레이어가 나온다. 11번째에 플레이어가 나오면 11번째 판은 30만 원을 잃으니까 270만 원 수익이 된다. 이정도만 돼도 괜찮은 수익이다.

주식 투자에서도 추세 추종 기법은 유명한 투자 방법이다. 오르는 주식을 산 뒤 계속 오르길 기다린다. 오르는 주식을 샀지만 바로 내려갈 수도 있다. 그땐 곧바로 팔아버린다. 추세 추종 기법의 좋은 점은 손실은 일정 한도 내이지만 수익은 끝없이 증가할 수 있다는 점이다. 오르는 주식을 샀는데 계속 오르지 않고 내릴 때, 5% 정도 내리면 추세가 바뀌었다는 것을 인정하고 바로 팔아버린다. 이럴 때 손실은 최대 5%다. 하지만 주식이 올라가면 오르는 대로 계속 보유한다. 10%가 오를 수도 있고, 50%가 오를 수도 있다. '이 정도 올랐으니 팔자' 생각하지 않고 오르는 추세가 지속되는 한 계속 보유한다. 이러면 2배, 3배까지도 이익을 올릴 수 있다. 언젠간 하락으로 바뀔 것이고, 5% 정도 하락하면 그때 팔아버린다. 추세 추종 기법에서 최대 손실은 사자마자 바로 하락하는 경우로, 5% 정도 손실을 본다. 하지만 이익은 몇 배까지 올라갈 수 있다. 확률적으로 손실보다 이익이 더 크다. 주식 투자에서 이익을 보는 방법은 사실 그리 어렵지 않다. 주식이 오르면 사고 내리면 팔고, 이렇게 간단한 방식으로도 이익을 올릴 수 있다. 문제는, 이게 말은 간단하지만 실제 실행할 때는 그리 쉽지 않다는 점이다. 내리면 팔아야 하는데 팔지 못한다. 5% 하락하면 팔아야 하는데, 그래도 반등할 것 같다는 생각에 갖고 있다가 폭락을 맞는다. 2배, 3배 오를 때까지 갖고 있어야 하는데, 20%, 30%가 오르면 이 정도면 충분하다고 하면서 팔아버린다. 바카라에서도 10번 계속 뱅커가 나왔는데 계속해서 뱅커에 베팅하는 건 정말 어렵다. 지금까지 뱅커가 지나치게 많이 나왔으니 이제는 플레이어가 나올 것 같다. 11번 연속, 12번 연속 뱅커가 나오는 건 정말 불가능한 일 아닌가? 이제는 플레이어로 돌려야 하지 않을까? 이런 생각이 당연하게 들기 때문에 계속 뱅커에 베팅하는 것이 쉽지 않다. 7번 연속 뱅커가 나올 때 그다음에도 뱅커에 베팅하는 것은 엄청난 정신력을 요구한다.

어쨌든 카지노에서 큰돈을 버는 사람들은 이 추세 추종 기법을 제대로, 잘, 원칙대로 활용하는 사람들이다. 원칙대로만 하면 분명히 수익을 얻을 수 있는 방법이다.

평균 회귀 방법은 지금까지 뱅커가 많이 나왔다면 이제는 플레이어가 많이 나올 것으로 예측하고 플레이어에 베팅하는 방식이다. 원래 뱅커-플레이어는 확률상 1:1로 나와야 한다. 그런데 바카라를 할 때 뱅커가 플레이어보다 2배 이상, 3배 정도 더 많이 나왔다면 이제부터는 플레이어가 뱅커보다 더 많이 나올 것으로 예측하고 플레이어에 베팅을 하는 식이다.

주식에서는 어떤 주식이 평균적인 가격대에서 움직이고 있는데, 유난히 주식이 떨어졌다면 이 평균 회귀를 기준으로 투자할 수 있다. 평균 가격대보다 낮으니, 머지않아 평균 가격대로 돌아가겠다고 예측한다. 반대로 평균 가격보다 오른 가격으로 거래되고 있다면, 이제 곧 떨어질 것으로 예측한다. 평소 이 주식의 가격을 기준으로 삼아 주식이 앞으로 오를 것인지 떨어질 것인지를 판단한다.

가치 투자는 이 주식의 가격이 어느 정도여야 한다는 점을 미리 평가해둔다. 이 주식이 3만 원은 되어야 하는 것 같은데, 지금 가격이 만 원밖에 안 된다. 그러면 이 주식은 앞으로 언젠가 반드시 3만 원이 될 것으로 판단하고 주식을 구입한다. 그리고 3만 원이 될 때까지 기다린다. 앞으로 어떤 값이 분명히 될 것이라고 예측하고 투자를 한 다음에 그 가격이 될 때까지 기다리는 방식이다.

내가 카지노에서 사용한 기본적인 방식이 바로 이 세 번째 방식이다. '지금 빨강이 계속 나오고 있지만 미래에 반드시 검정이 나올 것이다. 그러니 검정에 베팅을 하자'는 것이다. 여기에서 가장 중요한 것은 '미래에 반드시 검정이 나올 것이다'라는 믿음이다. 이런 믿음을 갖고 투자를 하고, 그 믿음이 실현될 때까지 투자 포지션을 계속 유지하면서 기다리는 것이 가치 투자의 특징이다.

내 성격에 맞는 방식은 따로 있다

이 세 가지 기법 중에서 어떤 것이 가장 좋을까? 가장 좋거나 가장 나쁜 것은 없다. 자신의 성격에 맞는 것이 가장 좋다. 사실 카지노에서 큰 이익을 얻는 사람이 사용하는 방식은 추세 추종 방식이다. 주식 시장의 많은 트레이더들도 기본적으로 추세 추종 기법을 사용한다. 오르면 사고 내리면 파는 것이 가장 기본적이면서도 수익을 얻을 수 있는 방식이다.

하지만 내 성격상으로는 추세 추종이 잘 안 된다. 그동안 계속 올랐다면 앞으로도 오를 것이라는 생각을 해야 추세 추종을 할 수 있다. 그런데 나의 사고방식에서는, 지금까지 계속 올랐다면 이제는 내릴 것이라는 생각부터 든다. 그동안 빨강이 계속 나왔다면 앞으로도 계속 빨강이 나오겠다는 생각을 하지 않고 이제는 검정이 나올 것이라는 생각을 하는 것이다. 자기 생각과 반대로 베팅을 하고 투자를 하는 것은 어렵다. 그래서 나는 추세 추종 방식을 사용하지 않는다. 그 대신 지금의 움직임을 무시하고 앞으로 확실히 나올 것 같은 쪽에 베팅을 한다. '지금은 검정이 나오지 않지만, 앞으로 다섯 판 이내에는 나오겠지', '지금 주식은 만 원이지만, 앞으로 이 주식이 3만 원이 되겠지', '지금 비트코인이 50만 원이지만, 천만 원이 될 수 있겠다'라는 생각. 그 생각에 베팅을 하고 자금을 넣는다.

　나는 이런 식으로 하지만 이것이 누구에게나 맞는 방식일 수는 없다. 다만 나에게 맞을 뿐이고, 나는 이 방식대로 카지노에서 베팅을 하고 투자를 했다. *자신의 성격과 생각에 맞는 방식이 가장 좋은 방식이라고 생각한다.*

툭하면 따는 딜러,
걸핏하면 잃는 딜러

카지노는 왜 딜러를 교체할까?

카지노 게임을 하다 보면 이상한 광경을 보게 된다. 카지노 게임 테이블에는 한 명의 딜러와 게이머들이 게임을 한다. 그런데 가끔 게임 도중에 딜러가 바뀐다. 게이머들은 언제든지 자리에서 일어나고 또 앉을 수 있기 때문에 게이머들은 계속 바뀐다. 그런데 딜러는 그 테이블을 담당하는 사람이다. 딜러가 바뀔 일은 없는데도 카지노 측에서 게임 중간에 다른 딜러로 교체한다.

딜러는 하루에 8시간 일하는 카지노 정식 직원이다. 게임을 하고 싶으면 하고, 하고 싶지 않으면 안 하는 게 아니다. 테이블을 계속 지키면서 자기 테이블에 오는 게이머와 게임을 해야 하는 직원이다. 8시간 동안 계속 한 테이블에만 있으면 지겨울 수 있으니 여러 테이블로 순환시키기도 한다. 그런데 그런 로테이션과 관계없이 게임 도중에 카지노에서 딜러를 바꾸는 경우가 있다. 테이블에서 딜러가 계속 잃는 경우다. 이럴 땐 딜러를 바꿔서 분위기 전환을 하려고 한다. 신기한 것은, 딜러가 바뀌면 게임의 분위기가 대부분 달라진다는 것이다. 그동안 게이머들이 많이 이겼던 테이블이 카지노 측이 더 많이 이기는 테이블로 바뀐다.

딜러가 게임 결과에 영향을 미친다는 것은 게임을 오래 한 게이머들도 느끼는 사실이다. 한 카지노에 오래 다니다 보면 딜러들에 대해서도 알게 된다. 어떤 딜러와 게임을 하면 게임이 잘 되는데, 어떤 딜러와 게임을 하면 잘 안 되는 경험을 하기도 한다. 사실 카지노 게임은 딜러와 게이머 간의 승부다. 친구들과 포커 게임이나 고스톱을 하면 항상 따는 친구, 항상 잃는 친구가 있다. 운에 의해 이루어지는 도박이니 서로 번갈아가며 이기고 져야 하는데 대부분 따는 친구와 잃는 친구가 정해진다. 도박의 결과는 우연이라고 말하지만, 우연 이외에 다른 것이 작용한다.

라스베이거스 카지노는 매일 모든 테이블의 실적을 점검할 뿐만 아니라 딜러들의 실적도 점검한다. 계속 잃기만 하는 딜러들은 해고된다. 그런데 참 이상한 게 있다. 딜러들은 게임 결과에 어떤 영향도 미치지 않는다. 그런데 왜 잘 따는 딜러, 잘 잃는 딜러가 나오는 것일까?

포커와 고스톱의 경우에는 게이머가 어떤 카드를 먼저 내느냐에 따라 게임 결과가 달라진다. 그래서 포커와 고스톱의 경우 특정인이 계속 이기는 것은 어느 정도 이해할 수 있다. 하지만 카지노에서 딜러들은 정말로 아무런 재량이 없다. 바카라 게임, 룰렛, 빅휠, 다이사이 등 게임에서 딜러들은 정말 할 수 있는 게 하나도 없다. 그냥 카드를 나눠 주고, 거둬들이고, 칩을 정리하고, 베팅에서 이긴 게이머에게 돈을 주는 게 전부이다. 바카라 게임에서 어떤 카드가 나오고 승패가 어떻게 결정되느냐는 딜러와 아무 상관없다. 룰렛 공이 어디에 떨어지느냐도 딜러와 아무 상관없다. 블랙잭의 경우 게이머들은 카드를 더 받을지 안 받을지를 결정할 수 있다. 하지만 블랙잭 딜러에게는 이런 재량이 없다. 블랙잭의 딜러는 카드가 17~21이 될 때까지 무조건 받아야 한다. 카지노 게이머는 베팅을 할지 안 할지, 베팅을 하면 얼마를 할지 정할 수 있다. 하지만 딜러는 아니다. 게이머가 이기면 게이머에게 줘야 하는 배당금을 주고, 게이머가 지면 게이머가 베팅한 돈을 수거만 할 뿐이다.

과학적으로 보면 분명히 딜러는 카지노 게임의 결과와 무관하다. 잘 따는 딜러, 잘 잃는 딜러가 나올 수 없다. 또 게이머가 어떤 딜러를 만나면 잘 따고, 어떤 딜러와 붙으면 잘 지는 일도 벌어질 수 없다. 손이 매운 딜러(손님들을 항상 잃게 만드는 딜러)라는 명칭도 붙을 수 없다. 그런데 실제 카지노에는 그런 딜러들이 존재한다. 그리고 게이머가 어떤 딜러를 만나느냐에 따라 게임 결과가 달라진다. 과학적으로 증명하라고 하면 증명할 수 없다. 하지만 그런 일이 벌어지는 곳이 카지노다. 그래서 라스베이거스 카지노에서는 테이블 상황을 보면서 손님에게 강한 딜러로 바꾸고, 또 계속 잃기만 하는 딜러를 해고하기도 한다.

카지노에서는 운이 존재한다고밖에 말할 수 없다. 특히 카지노 게임과 같이 승부가 걸리는 일에는 운이 존재한다. 운이 몇십 퍼센트씩이나 더 좋을 필요는 없다. 계속 반복적으로 이루어지는 카지노 게임에서는 운이 2~3%만 좋아도 효과가 충분하다. 확률로 결과가 결정되는 카지노 게임에서 게이머의 운이 딜러의 운보다 2~3%만 좋아도 더 많이 이길 수 있다. 반대로 게이머가 딜러보다 운이 2~3%만 나쁘면 지는 경우가 더 많아질 수 있다.

테이블을 계속 지켜보면 딜러의 운이 좋은지 아닌지 알 수 있다. 그리고 피해야 하는 딜러는 피해야 한다. '카지노는 운으로 하는 거지. 딜러는 관계없다'면서 계속 앉아서 게임을 하면 안 된다. 딜러가 나보다 운이 강하다고 느끼면 일어서야 한다. 나보다 운이 약한 딜러를 찾아 그 테이블에서 게임을 해야 한다.

나와 잘 맞는 투자처는 따로 있다

이론적으로 보면, A회사 주식이 오르느냐 내리느냐는 나 개인과 아무런 상관이 없다. 내가 A회사 주식을 수십억, 수백억 원 갖고 있는 대주주라서 내가 사면 가격이 오르고, 내가 팔면 가격이 내릴 정도가 아니라면, 내 주식의 보유 여부는 주가에 아무런 영향을 미치지 않는다. 그런데 종목별로 보자면 희한하게 나에게 맞는 종목이 있고, 나에게 맞지 않는 종목이 있다. 사서 보유하면 이익이 잘 나는 종목이 있고, 이익이 잘 안 나는 종목이 있다. 물론 처음 샀을 땐 똑같이 떨어지는 것이 일반적이다. 하지만 기준에 따라 제대로 종목을 샀다면 나중에는 올라가야 하는데 어떤 종목은 회복이 잘 되고 어떤 종목은 회복이 안 된다.

내가 판단을 잘못해서 일지도 모른다. 중요한 정보를 알지 못한 채로 주식을 샀을 수도 있다. 사실 이런 경우가 많긴 하다. 하지만 그 종목이 나와 서로 안 맞는 경우일 수도 있다. 내가 딜러와 잘 맞아야 카지노에서 이익을 보기 쉽듯, 주식도 나와 종목이 잘 맞아야 이익을 보기 쉽다.

카지노에 다니다 보면 나에게 맞는 카지노, 나에게 맞는 카지노 게임, 나에게 맞는 딜러를 찾게 된다. 이것들이 모두 잘 맞아야 수익을 내기 쉽다. 들어가면 뭔가 기분이 이상한 카지노, 재미가 없고 어렵기만 한 게임, 첫인상에서 뭔가 거부감이 일어나는 딜러와 게임을 하면 수익이 나기 어렵다.

투자도 마찬가지다. **나에게 맞는 투자처, 나에게 맞는 투자 종목, 나에게 맞는 주식 종목을 찾아야 한다.** 어떤 사람은 부동산에서 돈을 벌고 어떤 사람은 주식에서 돈을 번다. 부동산 중에서도 어떤 사람은 아파트에서, 어떤 사람은 오피스텔에서, 또 어떤 사람은 상가나 사무실에서 돈을 번다. 주식 시장에서 돈을 벌었다 하더라도 세부적으로 보면 돈을 번 종목은 거의 다 다르다. 자신에게 맞는 분야가 있고, 자신에게 운이 따르는 종목이 있다. 운이 좋은 종목을 찾으면 내가 수익을 얻을 확률이 2~3%는 올라간다. 처음에는 시행착오를 겪어야 하지만, 결국에는 운이 맞는 종목만 투자해야 한다.

카지노에서 배운
투자 법칙 포인트

1. 유리한 시점에만 투자하라
전문 투자자들이 하지 못하는 것으로
승부를 걸어야 한다.

2. 투자 종목보다 투자 금액이 중요하다
자신의 예측을 믿고 가능한 한 많이 투자하라.

3. 아무것도 하지 않는 시간을 두려워 말라
큰 수익에는 때로 수년이 필요하다.

4. 거래를 자주 하지 말라
묵혀둔 주식이 수억 원으로 돌아올 수 있다.

5. 한 번의 투자로 조금씩 벌겠다는 각오로 임해라
일확천금은 로또에서나 가능하다.

6. 내게 맞는 기법을 찾아라
모든 사람들에게 좋은 기법이란 없다

7. 유난히 운이 따르는 종목을 찾아라
내게 잘 맞는 투자처는 따로 있을 수 있다.

제4강

카지노의 심리학,
투자의 심리학

나 자신을
불신하라

돈을 딴다고 내가 잘난 사람은 아니다

카지노에서 돈을 조금 따다 보면 부작용이 발생한다. 자신이 굉장히 똑똑하고 잘난 사람이라는 생각을 하는 것이다. 흔히들 카지노에서 돈을 버는 것은 불가능하다고 말한다. 그런데 자신은 돈을 따고 있다. 카지노에서 돈을 벌기 위해 많은 사람들이 엄청난 노력을 했지만 거의 다 실패했고, 나는 돈을 따고 있다. 나는 다른 사람들보다 똑똑하다. 잘났다. 그래서 카지노에서 돈을 벌고 있다.

주식 투자에서 돈을 벌 때도 비슷한 생각을 하게 된다. 외국인들, 기관투자자들은 주식 시장에서 돈을 벌지만 일반 개인 투자자인 개미들은 돈을 잃는다. 그런데 나는 돈을 벌고 있다. 나는 다른 사람들보다 잘난 사람이다. 주식의 움직임을 더 잘 예측하고, 어떤 종목이 오를 것인지를 파악하는 통찰력을 갖고 있다. 카지노에서, 주식 시장에서 돈을 벌면 자기가 잘난 사람이라고 생각을 하게 된다.

스스로 잘난 사람이라고 생각하는 것 자체는 나쁜 일이라고 보기 힘들다. 사람들은 누구나 자기 자신을 긍정적으로 생각한다. 자기가 다른 사람들보다 더 능력이 있는 사람이라고 생각하고, 또 자기가 다른 사람들보다 더 착하고 공정한 사람이라고 생각한다. 세상에서 가장 능력 있는 잘난 사람까지는 아니더라도, 최소한 평균보다는 더 나은 사람이라고 생각한다.

일반적으로는 자기가 잘난 사람이라고 생각하는 것이 문제라고 볼 수 없다. 다른 사람들로부터 자만한다는 말을 들을 정도만 아니면 별일 없다. 그런데 카지노에서는 이야기가 달라진다. 자기가 다른 사람보다 뛰어나다고 생각하고, 통찰력과 예측력이 있다고 생각하면 그때부터 돈을 벌기 어려워진다. 자기가 카지노 게임을 지배한다고 생각하면 그때부터 분명히 돈을 잃는다.

카지노 게임에서 승패를 결정짓는 것은 운이다. 이번 룰렛 게임에서 빨강이 나올지 검정이 나올지는 예측 불가능하다. 바카라 게임에서 플레이어가 이길지 뱅커가 이길지, 다이사이에서 大가 나올지 小가 나올지 아무도 미리 알 수 없다. 뛰어난 통찰력으로 검토를 하고, 딜러의 성향, 테이블의 위치, 현재 추세 등 여러 가지 요소를 분석해 봐도 늘 결과는 오리무중이다. 카지노에서 내가 돈을 벌고 있는 건 운 덕분이다. 그리고 운은 계속 바뀐다. 땄다가 잃기를 반복하는 것이 카지노 게임이다.

　마틴게일 전략으로 수익을 낸다고 해도 그것은 내가 잘나서가 아니다. 룰렛 게임의 속성상 언젠가는 빨강이 나올 수밖에 없다. 공을 열 번 굴리면 그 중 빨강이 나올 확률이 99.9%이기 때문에 나는 빨강에 베팅해서 돈을 벌고 있을 뿐이다. 내가 잘난 것, 똑똑한 것과는 관계가 없다.

　그런데 카지노에서 돈을 벌다 보면 자기가 특별한 재능이 있는 줄로 착각을 하게 된다. 스스로를 긍정적으로 보다 보면 자신이 게임을 지배하는 줄로 착각하는 문제가 발생한다. 그렇게 되면 '이번에는 분명 빨강이 나올 것이다', '이번에는 분명 大가 나올 것이다'라는 식으로 예측을 하게 된다. 자신이 다른 사람보다 통찰력이 뛰어나다고 생각하고, 그러니 자신의 예측이 맞을 것이라고, 다른 사람들은 게임의 결과를 미리 알지 못하지만 자신은 알 수 있다고 착각을 하게 된다. 카지노 게임에서 수익을 얻기 위해서는 그저 게임의 흐름에 맡겨야 한다. 그 흐름을 타고, 확률적으로 유리한 것에 맡겨야 한다. 그런데 자기가 잘났다고 생각하면 흐름에 맡기는 것이 아니라 예언을 하려고 한다. 자신의 선택이 맞을 것이라고 생각한다. 혹 선택이 틀리면 무언가 잘못됐다고 생각한다.

　게임에서는 흐름이 주主고 게이머는 종從이다. 그런데 게이머 스스로가 잘났다고 생각하면 게이머가 주가 되고 게임이 종이 된다.

게임의 흐름에 따르는 것이 아니라, 게이머의 주장을 따른다. 그러면 반드시 잃을 수밖에 없다.

나는 예측할 수 있다는 확신은 착각이다

세계에서 가장 성공한 주식 투자자는 워렌 버핏이다. 그렇다면 워렌 버핏은 통찰력이 있고 미래 예측을 잘하는 사람이라고 할 수 있는가? 워렌 버핏을 세계적으로 유명하게 만든 것은 2000년대 초반 인터넷 회사들의 버블 붕괴였다. 인터넷 서비스들이 1990년대 말부터 처음으로 세상에 나타났고, 인터넷 회사들의 주가가 폭등했다. 세계의 모든 투자자들이 그 분위기에 휩쓸려 인터넷 회사 주식을 샀지만 워렌 버핏은 인터넷 회사들의 주식을 단 한 주도 사지 않았다. 인터넷 기술과 회사를 믿을 수 없다는 이유였다. 2000년대 초, 인터넷 버블이 터지면서 대부분의 투자자들이 망했지만 워렌 버핏은 1원도 잃지 않았다. 워렌 버핏은 현자였고 미래를 제대로 바라본 사람이다.

그런데 정말로 워렌 버핏이 미래를 예측한 현자였을까? 지금은 인터넷 세상이지만 2000년대 초반에는 인터넷 기업들 대부분이 파산했다. 2000년대 중반이 되어서야 이 세상은 인터넷이 없으면 살 수 없는 곳이 됐다. 워렌 버핏은 미래에 인터넷 시대가 오리라는 것을 전혀 예측하지 못했다. 그는 미래를 예측한 현자가 아니다. 통찰력이 있어서 새로운 사업의 등장을 예측한 것도 아니다. 단지 그동안 자신이 알고 있던 지식을 이용해 주식으로 돈을 번 것뿐이다.

잘난 사람만 투자에서 돈을 버는 것이 아니다. 워렌 버핏처럼 미래를 전혀 예측하지 못해도 돈을 벌 수 있다. 카지노 게임을 할 때 중요한 건 앞으로 나올 숫자를 내가 예측할 수 있다는 착각을 하지 않는 것이다. 설사 돈을 번다고 해도 내가 잘나서 돈을 버는 것이 아니라는 점을 계속 인지해야 한다. 그런데 이것이 쉽지 않다. 돈을 벌면 자신이 잘난 줄로 착각한다. 자신에게 다른 사람들과는 다른 특별한 능력이 있는 것으로 오해한다. 하지만 그러면 안 된다. 계속해서 자신의 마음을 눌러야 한다. 내가 잘난 것이 아니고, 어디까지나 운이 좋아서 돈을 벌고 있을 뿐이라는 점을 스스로 인식해야 한다.

사람이 자만에 빠지면 안 되고 겸손해야 하기 때문에 이런 말을 하는 것이 아니다. 그런 도덕적인 이유가 아니다. *자신이 잘났다고 생각하면 돈을 벌 수 없기 때문이다.* 그런 생각으로 카지노 게임을 계속하면 그동안 번 돈을 다 날리게 된다. 카지노 게임의 흐름을 타지 못하고 자기 생각만을 중시하기 때문이다. 자만심을 가질 때 돈을 벌 수 있고, 겸손할 때 돈을 잃는다면 나는 자만심을 갖는 편이 좋다고 말할 것이다. 스스로 잘났다고 생각하면 카지노에서 돈을 잃기 때문에 자만심을 가지면 안 된다고 말하는 것이다.

투자도 마찬가지다. 주식을 하면서 연속으로 돈을 벌면 마치 자신이 주식을 잘하는 것으로 오해하게 된다. 재능이 있고 통찰력이 있는 줄 안다. 스스로에 대해 이렇게 긍정적으로 생각하면서 돈도 벌 수 있다면 얼마나 좋을까?

그런데 그렇게 되지 않는다. 자기 능력을 부정할 때 돈을 벌 수 있고, 자기 능력을 과신하면 돈을 잃는다. 돈을 벌기 위해서는 자신의 능력을 부정적으로 바라봐야 한다. 기분은 좋지 않지만, 그 대신 돈은 생긴다.

여유 자금으로
마음의 여유를 확보하라

여유 자금은 반드시 있어야 한다

강원랜드에 처음 갔을 때 생각한 베팅 방법은 1-2-4-8-16-32-64 베팅법이었다. 다섯 번 연속으로 나온 것의 반대쪽에 거는 것이었는데, 시간이 좀 지나면서 점차 적응되기 시작했다. 베팅을 늦추는 경우가 많아지면서 60만 원을 베팅해야 하는 경우도 줄어들었다. 안정화가 됐을 땐 몇 주 동안 많아야 30만 원까지만 베팅을 했다. 60만 원이 넘게 베팅하는 경우는 생기지 않았다. 32만 원을 베팅할 때까지 제대로 결과가 나와 줬기 때문에 수익을 얻을 수 있었다.

그때까지 내가 강원랜드에 들고 다닌 돈은 한 번에 270만 원 정도였다. 64만 원까지 베팅을 한다고 하면 총 127만 원이 필요하다. 한 번 실패하더라도 다시 한 번 도전할 수 있는 기회를 위해 베팅에 필요한 127만 원의 2배를 준비했고, 기타 비상금까지 합해 270만 원을 들고 갔다.

하지만 보통은 32만 원 베팅에서 결과가 나왔다. 32만 원 베팅을 할 때까지 사용한 돈은 63만 원이다. 계속 이정도 수준까지만 베팅을 하게 되니 270만 원이라는 많은 돈을 가져가는 것이 바보같이 여겨졌다. 63만 원까지만 베팅해도 되는데 뭣하러 270만 원이라는 돈을 가져가나? 그냥 63만 원만 들고 가도 되는 것 아닌가. 63만 원에 비상금, 차비, 식사비 등을 합쳐 70만 원만 들고 가도 되지 않을까. 그래서 그다음에는 70만 원 정도만 들고 가기로 했다.

70만 원만 들고 간 날, 다이사이에서 大가 연속해서 열 번이 나오는 경우를 맞았다. 大가 다섯 번 연속으로 나왔을 때부터 小에 베팅을 시작했는데, 계속 大가 나오더니 열 번 연속 大만 나왔다. 다이사이에서 大나 小가 열 번 연속으로 나오는 일이 특별한 경우는 아니다. 카지노에 오래 있으면 한 번 정도는 반드시 당한다고 할 정도의 일이다. 하지만 이날, 그 특별한 경우는 아닌 일이 나에게 큰 고민을 안겨줬다.

이전에는 큰 고민 없이 베팅을 할 수 있었다. 그런데 이때는 베팅을 해야 하는가 하지 말아야 하는가를 엄청나게 고민했다. 열 번째에도 大가 나와 16만 원 베팅에서도 잃었으니 이제 32만 원을 베팅해야 한다. 그런데 오늘 가져온 돈은 70만 원이다. 31만 원이 나갔으니 이제 39만 원이 남았다. 서울로 돌아갈 차비와 식사비는 남겨야 하니 35만 원 정도만 쓸 수 있다. 수중에 있는 돈이 35만 원인데 32만 원을 베팅한다? 이건 내 전 재산을 베팅하는 것이다. 이번에도 大가 나오면 나는 오늘 63만 원을 잃고 게임을 끝내야 한다. 3만 원 정도 돈이 남긴 하지만 이 돈으로는 아무것도 할 수 없다.

이전에도 32만 원을 베팅한 적은 많았다. 베팅하면서 이 정도로 고민하는 일도 전혀 없었다. 64만 원 베팅이야 정말 어쩌다가 한 번 있는 경우지만, 32만 원 베팅은 늘 일상적으로 해왔다. 그런데 이 날은 그 일상적인 날이 아니었다.

문제는 자금이었다. 270만 원이 넘는 돈을 가져왔을 땐 32만 원 베팅을 해도 수중에 계속 200만 원 정도의 돈이 있었다. 32만 원을 베팅하는 것이 별 무리도 아니었고, 별 고민 없이 원칙대로 베팅할 수 있었다. 하지만 이번에는 수중에 35만 원밖에 없다. 이때 32만 원을 베팅하는 건 이야기가 달랐다. 아무리 지금이 32만 원을 베팅해야 하는 순간이더라도, 1/2의 확률로 망하느냐 마느냐의 베팅이다. 1/2의 확률에 남은 전재산을 걸 수는 없는 일이다.

결국 난 32만 원 베팅을 하지 못했다. 이 건은 여기에서 손실처리하기로 했다. 그리고 이날 게임은 여기에서 끝났다. 남은 35만 원으로 처음부터 게임을 다시 시작하는 방법도 있기야 하겠지만, 강원랜드에서 35만 원으로는 아무것도 할 수가 없다. 35만 원으로는 총 5회, 그러니까 16만 원까지만 베팅할 수 있는데 그건 너무 위험하다. 나는 이날 게임을 접어야 했다. 그리고 가져간 돈의 반 정도를 잃고 서울로 올라왔다.

무엇이 문제였을까? 70만 원만 갖고 온 것이 문제였다. 평상시 카지노에서 베팅하는 돈이 64만 원 정도라고 정말 딱 그만큼만 가져온 것이 문제였다. 돈이 270만 원 있을 때는 32만 원 베팅을 충분히 할 수 있었고, 위험한 듯싶어 손실 처리를 하더라도 남은 돈이 충분했기에 그때부터 다시 시작할 수 있었다. 하지만 70만 원만 갖고 갔을 땐 돈이 있어도 32만 원 베팅을 할 수 없었다. 손실 처리를 한 다음에도 남은 자본이 부족해 다시 게임을 시작할 수도 없었다.

사용하지 않을 돈이라고 해도, 여유 자금은 충분히 갖고 있어야 한다. 뒤를 받쳐주는 여유 자금이 있어야 흔들리지 않고 원칙대로 베팅을 할 수 있다. 손실을 본 다음에 새 기회가 있는가, 없는가도 중요하다. 이게 마지막이라고 생각하는 것과, 이번에 잃더라도 다시 시작하면 된다고 생각하는 것 사이에는 엄청난 차이가 있다.

여유 자금은 실제 사용하기 위해 필요한 돈이 아니다. 흔들리지 않고 원칙대로 베팅할 수 있는 힘, 다시 시작할 수 있다는 마음가짐을 만들어주는 것이 바로 여유 자금이다. '마음이 강하면 되지', '흔들리지 않으면 되지', '실패해도 다시 하면 되지' 이런 말들이 맞긴 하지만 이것을 가능하게 해주는 건 '강한 마음'이 아니라 '여유 자금'이다.

이 일이 있은 이후로는 카지노에 들고 가는 돈을 다시 늘렸다. 내가 베팅하는 금액보다 훨씬 큰돈을 들고 카지노에 들어가야 한다. 여유 자금이 없다면 카지노에서 돈을 따는 건 쉽지 않다.

폭락을 이용할 수 있는 여유

투자에서도 여유 자금은 중요하다. 주식 투자를 할 때 여유 자금이 있는 것과 없는 것은 엄청난 차이가 있다. 여유 자금이 있으면 주식이 폭락해도 비교적 담담하게 상황을 바라볼 수 있다. '더 떨어지면 지금 있는 돈으로 더 사자, 나중에 주가가 원래 가격으로 돌아가면 더 큰 이익을 얻을 수 있다'라고 생각할 수 있다.

실제로 그 폭락한 주식을 더 사는가, 사지 않는가는 중요하지 않다. 단지 '폭락하면 지금 있는 돈으로 주식을 더 사서 큰 이익을 올릴 수 있다'라고 생각할 수 있다는 점이 중요하다. 만약 여유 자금이 없으면 주가가 폭락할 때 마음이 쓰리고 불안감만 깊어질 뿐이다. '지금 이 지점에서 손해를 보고 팔아야 하나, 아니면 주가가 회복될 때까지 하염없이 기다려야 하나'라는 두 개의 선택지밖에 없다. 하지만 여유 자금이 있으면 지금의 폭락으로 돈을 벌 수 있다는 선택지가 한 개 더 생긴다. 손해나 기약 없는 기다림만이 아니라

'적극적 행동의 결과로 생기는 더 큰 이익'이라는 선택지다.

　이 가능성만으로 주식 투자의 여유가 생긴다. 큰 손실 때문에 마음에 패닉이 와서 주식을 팔아버리는 것이 아니라, 현재 주식 가격과 움직임에 객관적으로, 이성적으로 접근할 수 있게 된다. 더구나 주식 투자의 경우에 준비해야 하는 여유 자금은 카지노의 경우보다 비율상 적은 편이다. 주식 투자의 경우에는 주식 매수금 정도의 여유 자금을 확보할 필요는 없다. 언제든 주식을 더 살 수 있는 정도의 여유 자금만 있으면 된다. **모든 돈을 다 털어서 주식을 사지 말고 항상 일정 비율 이상의 여유 자금을 두는 것,** 그것이 카지노 게임에서 얻은 주식 투자의 교훈이다.

시간제한이 있는
투자는 피하라

30만 원을 토해내고 배운 교훈

지금은 사람들이 사북역에서 내려 강원랜드에 가지만 2001년 당시의 소카지노는 고한역에 있었다. 고한역에서 서울 청량리역에 가는 기차는 두 시간 간격으로 왔다. 고한역에서 청량리역까지는 다섯 시간이 걸렸다. 오후 다섯 시에 기차를 타면 밤 열 시에 청량리역에 도착할 수 있었고, 집에 가면 열한 시가 넘었다.

강원랜드에 가는 날, 나는 보통 이 오후 다섯 시 기차를 타고 서울로 돌아갔다. 일곱 시 기차는 무리였다. 그럴 경우 자정이 넘어 청량리역에 도착하는데 그 시간에는 전철도 끊겨 집에 가기도 만만찮았다. 당시 나는 박사과정 학생 신분이었고 강원랜드에 다니는 건 가족들에게 비밀이었다. 너무 늦게 집에 가는 건 곤란했고, 택시 값도 문제였다. 그래서 늘 고한역에서 오후 다섯 시 기차를 탔다.

그런데 강원랜드에 다니던 초기, 오후 네 시가 가까워오는 시간에 베팅할 기회가 찾아왔다. 룰렛에서 다섯 번 연속으로 검정이 나오는 경우가 발생한 것이다.

어떻게 할까? 베팅에 들어갈까? 지금 여유는 있었지만 시간이 좀 애매했다. 다섯 시 기차를 타려면 네 시 사십 분에는 강원랜드를 나서야 한다. 당시 강원랜드에는 기차 타는 사람들을 위해 기차역까지 가는 셔틀 버스가 있었는데 그 셔틀버스는 기차가 출발하기 십오 분 전인 네 시 사십오 분에 출발했다.

빨강에 베팅해서 한두 번만에 빨강이 나와 주면 별 문제가 없었다. 하지만 그때까지 나오지 않으면 곤란했다. 그럼에도 '한두 번만에 나올 거다'라는 생각으로 베팅을 시작했다.

그런데 나오지 않았다. 검정만 일곱 번 연속 나온 것이다. 셔틀 버스 시간이 거의 다 되어갈 때였다. 어떻게 하나. 지금 베팅한 걸 손실로 처리하고 셔틀 버스를 타야 하나. 그런데 이미 들어간 돈이 2만-4만-8만 원이다. 총 14만 원이 들어갔다. 여기에서 베팅을 그만두기에는 이 돈이 너무 아까웠다. 셔틀버스 대신 택시를 탄다면 한 게임 더 할 수 있을 것 같았다. 강원랜드와 고한역을 오고가는 택시들은 항상 있었고, 택시비는 거리와 관계없이 5천 원이었다.

그다음 베팅인 16만 원 베팅에 들어갔다. 그런데 이번에도 검정이 나왔다. 다음 베팅은 32만 원이었다. 그런데 이제는 정말로 기차를 타러 가야 했다. 빨리 택시를 타야 기차 시간에 간신히 맞출 수 있었다.

어떻게 해야 하나. 지금 베팅을 포기한다면 30만 원을 잃는다. 그런데 베팅을 계속하면 서울 가는 기차를 놓친다. 다음 기차를 타면 이미 예약한 기차표도 날리고, 청량리에서 집까지 택시를 타야 되고, 또 집에 늦게 들어간다는 문제도 발생한다.

결국 게임을 접고 나왔다. 속상했다. 베팅을 원하는 대로 했다가 잃으면 돈을 잃어 힘들긴 해도 후회되거나 속상하지는 않다. 하지만 그땐 계획대로, 전략대로 잘 진행되고 있는데 기차 시간 때문에 게임을 접은 것이다. 30만 원이란 돈도 토해내야 했다.

무엇이 잘못된 것일까? 베팅 상황도 베팅 전략도 평소와 다른 건 없었다. 다만, 오후 네 시라는 시간대에 베팅을 시작한 게 잘못이었다. 베팅할 수 있는 시간이 한 시간도 안 되고, 그 사이에 많아야 서너 게임밖에 진행할 수 없다는 건 알고 있었다. 마카오, 라스베이거스 등의 룰렛 게임은 아무리 못해도 5분 정도면 그다음 게임이 진행된다. 다섯 게임을 해봐야 30분도 안 걸린다. 하지만 강원랜드는 다르다. 사람들이 많고 베팅칩도 많다. 룰렛, 다이사이에서 결과가 나오고 딜러가 테이블을 정리하는 데만도 많은 시간이 소요된다. 또 사람들이 돈을 칩으로 바꾸는 데 시간이 걸린다. 주말에 사람이 많을 땐 룰렛이 한 번 돌아가는 데 30분 걸린다. 이날은 평일이었기 때문에 사람들은 많지 않았지만, 그래도 한 게임이 돌아가는 데 15분 가까이 걸렸다.

내 베팅 방법은 한 번 시작하면 다섯 게임 이상 진행할 수도 있는 방식이라는 걸 알고 있었고, 중간에 그만두면 손실이 날 수밖에 없다는 것도 알고 있었다. 다섯 게임 정도 진행해야 한다는 것을 알고 있으면서도 서너 게임밖에 할 수 없는 시간을 남겨두고 베팅을 시작한 내 탓이었다.

게임을 할 땐 시간이 충분해야 한다. 자신이 세운 계획대로 진행할 수 있는 시간이 넉넉히 있는 상태에서 게임에 들어가야 한다. 시간이 부족할 가능성이 있다면 게임에 들어가면 안 된다. 이런 일들을 겪은 이후 나는 기차 출발 시간이 1시간 이상 충분히 남지 않았을 땐 새로 게임에 들어가지 않기로 했다. 이미 하고 있는 베팅만 진행했다. 충분한 시간이 확보되지 않은 상태에서 베팅에 들어가는 것은 위험했다.

언제 오를지까지 맞출 수 있는 사람은 없다

투자에서도 시간은 중요하다. 원하는 결과를 얻을 수 있을 만큼 충분한 시간이 확보되어야 한다. 그렇지 않은 채 시간에 쫓기면 어려워진다. 만약 돈이 있고, 오를 것이 분명한 주식도 발견했다고 해보자. 그런데 이 돈은 2개월 후에 잔금 지급으로 사용될 돈이다. 앞으로 2개월 후에 써야 할 돈인 것이다. 그럼 지금 주식을 사서 2개월 후에 팔면 되지 않나? 그 사이 주식이 오르면 그만큼 이익이니까. 그러나 결코 그렇지 않다.

문제는 그 2개월 사이에 주식이 올라주느냐이다. 분명히 오를 주식이고, 갖고 있으면 수익이 난다. 하지만 이 돈을 써야 하는 2개월 사이에 주식이 오를 것인가는 별개의 문제다. 장기적으로는 오른다고 하더라도 2개월 사이에 오를 확률은 절반이다. 내려갈 수도 있다. 그렇게 되면 2개월째 되는 날에 손해를 보고 팔아야 한다.

무엇보다 그 2개월 사이 주식이 오르지 않으면 가슴을 졸이게 된다. 주식을 팔아야 하는 2개월 동안 마음이 살얼음판을 걷는다. 게다가 이 주식은 오르게 될 것이라는 판단을 내린 뒤에도 손실을 보는 경우는 아주 많다. 손실 확률이 50%다. 설사 이익을 얻는다고 하더라도 고작 2개월이니 그리 큰 이익도 없다. 이익은 적지만 마음고생은 크다.

옵션거래도 해본 적이 있다. '이 주식은 분명히 오를 것이다, 혹은 내릴 것이다'라는 판단만 잘 맞으면 일반적으로 주식보다 옵션거래의 수익이 더 높다. 문제는 옵션거래에는 만기가 있다는 점이다. 주식은 오를 때까지 계속 기다릴 수 있지만 옵션거래는 3개월 사이에 올라야만 한다. 그 사이에 올라야 수익이 있고, 그 사이에 오르지 않으면 손실을 보고 끝난다.

하지만 3개월 사이에 오른다는 보장은 없다. 애초에 옵션을 발행하는 측에서는 그 주식이 앞으로는 오르더라도 3개월 동안에는 크게 오르지 않을 것이라는 확신을 갖고 옵션 상품을 발행한 것이다. 투자자의 입장에서는 이 주식이 오른다는 것을 예측할 수 있어도, 언제 어느 정도 오를지까지 아는 것은 불가능하다. 카지노 룰렛 게임에서 언젠가 검정이 분명히 나온다는 것은 알 수 있어도, 언제 검정이 나올지는 예측하기 어려운 것과 같다. 앞으로 열 게임 내에 검정이 나올 것이라는 점은 분명하게 확신할 수 있지만, 앞으로 두세 게임 내에 검정이 나올 것이라는 점은 장담할 수 없다.

시간에 제한이 있는 투자는 들어가지 말아야 한다. **최소 6개월, 보통 1년 정도 묻어놓아도 되는 경우에만 투자해야 한다.** 시간적인 여유를 두는 것은 투자에서 이익을 얻기 위해 반드시 필요하다.

패배가 많아도
수익은 난다

카지노는 이기기 위해 가는 곳이 아니다

도박에서 중요한 사실이 있다. 이기는 것과 돈을 버는 것은 다르다는 점이다. 고스톱을 칠 때, 많은 판을 이긴 사람이 돈을 따는 것이 아니다. 점 100원짜리 고스톱에서 3점짜리 판을 열 번 이긴다고 하면 6천 원을 딴다. 상대방이 3점으로 열 번을 나면 나는 3천 원을 잃는다. 하지만 열 번을 잃더라도 한 판에 10점을 내면서 흔들고 피박을 씌우면 40점이 된다. 한 사람에게 4천 원씩, 모두 8천 원을 딸수 있다. 열 번을 계속해서 잃더라도 한 판만 큰판을 이기면 8천 원을 딴다. 3점짜리 판을 아무리 이겨도, 흔들고 피박이 나오는 큰판에서 지면 돈을 따지 못한다.

포커도 마찬가지다. 이기는 횟수와 돈을 버는 것 사이에는 아무런 연관이 없다. 몇 천 원 정도 베팅하는 작은 판에서 아무리 많이 져도, 풀하우스끼리 서로 붙는 큰판에서 이기면 모든 손해를 보충하고도 남을 만큼의 큰돈을 딴다. 도박에서의 승리자는 돈을 따는 사람이다. 아무리 게임에서 많이 이겨도 돈을 잃으면 패자다. 게임에서 승리하는 것은 도박에서 승리자가 되는 것과 아무 상관없는 일이다.

카지노 게임도 마찬가지다. 나는 기본적으로 마틴게일 베팅 방법에 변형을 줘서 게임을 했다. 빨강, 大 등이 다섯 번 이상 연속으로 나왔을 때 그 반대편에 베팅을 시작하는 방법이다. 그런데 베팅을 시작하자마자 내가 이기는 경우는 생각보다 많지 않았다. 대체로 들어간 첫 베팅에서는 지고, 그 다음 베팅으로 들어가는 경우가 일반적이었다. 한번 내가 베팅하는 경우의 수에서 승패와 수익 사이의 관계를 따져보자.

우선 첫 번째 베팅에서 이겼을 경우. 이 경우에는 패배는 없고 승리만 한 번이다. 그리고 두 번째 베팅에서 이겼을 경우에는 1패 이후에 1승으로 총 1승1패다. 여기까지는 승률이 괜찮지만 세 번째 베팅부터는 승보다 패가 더 많다. 예를 들어 다섯 번째 베팅에서 이겼을 경우에는 4패 이후에 1승이니 총 1승4패다.

이런 식으로 한 번에서 다섯 번까지 베팅하는 경우의 수를 계산하면 합계가 승이 5, 패가 10으로 5승 10패다. 패배하는 경우가 승리하는 경우보다 두 배나 많다. 하지만 결과적으로 나는 돈을 번다.

카지노에서의 승리는 게임에서 이기는 것이 아니기 때문이다.

카지노 게임은 원래 카지노에게 유리하고 게이머에게 불리한 게임이다. 어지간히 운이 좋지 않고서야 게이머가 카지노보다 더 많이 이길 수는 없다. 하지만 게이머가 더 많이 진다고 해서 항상 손해를 보는 건 아니다. 승패와 수익은 다르다.

카지노를 이기려고 하면 안 된다. 나는 카지노에서 돈을 벌었다고 이야기하는 것이지, 카지노를 이길 수 있다고 이야기하는 것이 아니다. 분명히 말해서 나는 카지노 게임을 할 때 이긴 경우보다 진 경우가 훨씬 더 많다. 그러나 돈은 땄다. 카지노에서의 목적은 돈을 따는 것이지, 게임에서 이기는 것이 아니다. 이를 위해 패배에 익숙해져야 한다. 대부분의 승부에서는 패배하지만, 그러면서도 돈을 챙길 수 있는 방법을 찾아야 한다.

돈은 패배와 함께 온다

주식 종목을 살펴보다가 이 종목은 분명히 오를 것 같아서 주식을 샀다. 그 판단은 얼마나 맞을까? 내 경우에는 거의 대부분 틀렸다. 주식이 내 생각대로 오른 적이 별로 없다. 오히려 대부분 내려갔다. 승패를 따진다면 패배가 훨씬 더 많다.

부동산도 마찬가지다. 한국에서 부동산은 계속 오르니까 부동산을 사면 분명 이익이 난다? 대부분의 사람들은 이와 크게 다르지 않은 말을 한다. 그렇다면 아마 나는 최악의 부동산 투자자일 것이다. 내가 구입한 오피스텔 등의 부동산 중에 오른 것은 거의 없다. 산 가격보다 떨어진 것도 있고, 올랐다고 해도 물가상승률을 생각하면 본전인 것이 더 많다. 부동산에서도 나는 승리보다 패배가 더 많다.

오를 수 있는 종목을 딱 집어내는 능력은 나에게 없다. 오르는 종목을 골라내는 확률이 더 높은 것도 아니다. '샀더니 내려가더라'가 내게는 훨씬 더 일반적이었다. 혹시 워렌 버핏처럼 위대한 투자자가 되면 오르는 종목만 골라내는 것이 가능할까? 워렌 버핏은 모르겠지만, 다른 전문 투자자들의 경우에도 그렇게 승률이 높진 않은 것 같다. 벤처 투자자의 경우 10종목을 사면 그 중에서 이익을 내는 건 2~3종목밖에 되지 않는다. 도리어 대부분 손해를 본다. 승리가 많은가, 패배가 많은가 물어보면 패배가 압도적으로 많다. 하지만 그렇다고 해서 돈을 잃는가 하면 그렇지도 않다. 패배가 더 많음에도 돈을 번다. 7종목에서 투자금을 날리지만, 1~2종목에서 엄청난 수익이 나기 때문에 다른 손실들을 메꾸고도 수익이 난다.

나도 마찬가지였다. 내가 산 주식은 대부분 하락했다. 그러나 한두 종목에서 크게 올랐다. 중국 주식을 여러 개 갖고 있었는데 대부분은 하락하거나 제자리걸음이었다. 그런데 마오타이주가 5배 이상 올랐다. 미국 주식도 여러 개 갖고 있는데 모두 다 제자리다. 그런데 넷플릭스가 5배 이상 올랐다.

앞으로 오르니 투자해두면 좋다는 말들 때문에 여러 자잘한 것들에 손을 대보기도 했다. 은이 좋다고 해서 은을 사기도 했고, 금 ETF 투자 방식으로 금을 사두기도 했다. 이런 것들도 거의 반타작 났다. 그런데 비트코인 하나가 폭등을 했다. 다른 모든 것들에서의 손실을 모두 메꾸고도 큰이익을 줄 정도로 폭등했다. 그 하나로 수익이 났다.

내가 부동산을 구입해서 재미를 본 건 거의 없다. 단지 2개가 올랐는데, 그중 하나가 크게 올랐다. 5억이 올랐고, 그 하나의 수익이 내 부동산 수익 거의 전부다.

나는 투자를 하면서 승리가 많았는가, 패배가 많았는가? 당연히 패배가 많다. 조금 많은 것도 아니고 훨씬 더 많다. 카지노에 다닐 때와 같다. 패배가 승리보다 2배는 더 많다. 그러니 누가 나에게 어떤 종목이 좋은지 추천을 해달라고 물어보면 대답해줄 수 있는 게 없다. 뭘 알아야 대답을 해줄 것이 아닌가. 내가 그동안 좋다고 판단해서 산 것들 대부분이 다 오르지 않았다. 나는 무엇이 오를지 맞힐 수 있는 능력이 없다. 그나마 내가 추천한 종목은 대부분 오르지 않을 것이라는 점 하나만은 분명히 말해줄 수 있다. 하지만 투자에서 돈을 버는 것은 투자에서 승리하는 것과 상관이 없다. 나의 판단이 맞는지의 여부도 상관이 없다.

사실 카지노에 다니는 동안에도 나는 이어지는 패배에 마음이 상할 대로 상했었다. 아무리 전략상 패배가 필요하다고 해도, 막상 베팅에 져서 딜러가 내 돈을 가져갈 땐 굉장히 속상하다. 투자를 하면서도 계속해서 실패하는 투자에 스스로 자괴감이 드는 경우가 한두 번이 아니었다. 그래도 명색이 경제학과 졸업생이고 박사인데 주식을 사는 족족 떨어지기만 하다니.

그렇지만 어쨌든 돈은 벌었다. 그래서 나는 이야기한다.

"투자는 계속되는 패배에 몸과 마음이 망가지는 과정이다. 단지 돈만 벌 뿐이다."

승리를 원하는 사람은 투자를 하면 안 된다. 투자를 하면 계속되는 패배감 속에서 살게 된다. 단지 돈만 벌 수 있을 뿐이다.

세상에 행복한 투자는
없다

카지노에 기쁨은 없다

———————

'돈이 없던 학생 시절. 나는 심오한 성찰과 계산의 결과 카지노에서 돈을 벌 수 있는 방법을 발견했다. 그 뒤 돈이 부족해질 때마다 카지노에 갔고, 카지노에서 번 돈으로 화려하게 지냈다. 돈이야 내키는 대로 벌 수 있으니 인생이 편하고 즐거웠다. 세상 다 얻은 것처럼 환희에 찬 시기였다. 그런데 강원랜드 카지노에서 10만 원 이상의 베팅을 규제하면서 더는 카지노에서 돈을 벌 수 없게 됐다. 아쉬운 마음으로 그때부터 카지노에 가지 않게 됐다. 이런 규제만 없었다면 계속 돈을 벌 수 있었을 텐데, 정말 아쉬운 일이다.'

정말로 이랬다면 얼마나 좋았을까. 예전에 카지노에서 돈을 벌어 생활비를 충당한 적이 있었다고 말하면 많은 사람들이 나를 이런 식으로 생각한다. 그런데 그럴 리가 없지 않나. 카지노에서 돈을 버는 게 그렇게 간단할 리 없다. 진실은 이렇다.

'카지노에서 돈을 벌 수 있을 것 같아 다니기 시작했다. 처음에는 계획대로 잘 되는 듯했다. 그런데 곧 어려움이 닥쳤다. 계획대로 잘 굴러가지 않았다. 상상도 못했던 경우의 수가 굉장히 자주 나왔다. 예상하지 못했던 변수들도 계속 튀어 나왔다. 카지노에서 이기는 경우보다 지는 경우가 훨씬 더 많았다. 계속되는 패배와 예상하지 못했던 사건들이 계속 발생하면서 마음은 점점 어두워졌다. 무엇보다 카지노에서는 언제든지 파산할 수 있었다. 수백만 원을 한꺼번에 잃을 수 있다는 위험이 항상 있었다. 원하는 숫자가 연속해서 나오지 않으면, 이러다가 여기에서 다 잃는 게 아닌가라는 두려움에 떨었다. 카지노에 들어가면 항상 살얼음판이었다. 돈을 벌기는 했다. 하지만 두려움은 커졌다.

마지막에는 카지노에 가는 것이 점점 무서워졌다. 룰렛 공이 굴러가는 소리도 듣기 힘들어졌다. 다이사이 주사위 돌아가는 소리도 악마의 소리처럼 들렸다. 돈이 필요해서 카지노에 가긴 하지만 이러면 내가 망가지겠다는 생각이 계속 들었다.

다른 수입이 생기면서 카지노 가는 횟수가 점차 줄었다. 강원랜드 대카지노가 개장하면서 베팅 가능 금액도 10만 원으로 줄었다.

10만 원 베팅 한도에서는 더 이상 제대로 된 베팅을 할 수 없었다. 잘 됐다. 그동안 어쨌든 돈을 벌기 위해 계속 카지노에 갈 수밖에 없었는데, 이제는 카지노에 가지 않을 것이다. 다른 일로 돈을 벌자. 이렇게 계속 두려움에 떨며 카지노에 다니느니 그게 더 낫다.'

카지노에서 돈을 번다고 말하면 사람들은 내가 굉장히 즐겁게 사는 줄 안다. 대부분 돈을 잃는 카지노에서 돈을 번다니 얼마나 좋을까. 돈 벌기가 얼마나 힘든데, 카지노에서 손쉽게 돈을 버니 얼마나 기쁠까. 즐겁게 게임하면서 돈을 버니, 최고 아닌가.

그런데 그렇지 않다. 카지노에서 버는 돈은 절대 공짜가 아니다. 편하게 버는 돈도 아니다. 엄청난 마음고생을 하며 버는 돈이다. 카지노 시절 이후 나는 다양한 방법으로 돈을 벌었다. 시간 강사, 직장, 프로젝트, 컨설팅, 논문 공모, 자문, 강연 등으로 버는 돈 등 여러 루트들이 있었다. 그런데 그 중에서 가장 어려웠던 건 역시 카지노에서의 돈벌이였다. 카지노에서는 절대 기쁨이 없다. 게임에서 이겨 돈을 딸 때 잠깐 기분이 좋지만, 대부분은 살얼음판 위를 두려움에 떨며 보낸다. 카지노에서는 돈만 벌 수 있을 뿐, 행복은 없다.

그렇다고 해서 카지노에서 행복하게, 즐겁게 게임을 하면 되지 않느냐고 말하면 안 된다. 돈이 넘쳐나는 부자라서, 카지노에서 돈을 날리는 것쯤은 즐거움의 대가라고 치부할 수 있다면 혹 모를 일이다. 하지만 돈을 벌 작정으로, 적어도 손해는 보지 않을 작정으로 카지노에 왔다면 즐거움과 행복은 이미 다른 세상의 이야기다.

내 경우에는 살얼음판 위를 걷는 것처럼 두려웠다. 아무리 조심해도 파산 위험은 계속 발생하고, 별 생각 없이 즐겁게 베팅을 했다간 얼마 못 가 돈을 다 잃고 만다. 카지노는 기분에 따라, 본능에 따라 게임하면 무조건 돈을 잃도록 설계되어 있는 곳이다. 즐겁게 게임을 하면 그 동안에는 좋겠지만, 만약 오링을 당하면 그 괴로움은 다른 고통에 비할 바가 아니다. 단순히 돈을 잃는 데서 끝나는 것이 아니라 자기 자신에 대한 회의, 자기 능력에 대한 불신, 세상으로부터 버림받았다는 고통, 운이 없는 놈이라는 자기 비하 등등 엄청난 후폭풍이 몰려온다.

단지 돈을 벌 뿐이다

투자를 해서 돈을 벌었냐고 묻는다면 돈을 벌었다고 대답해야 한다. 투자를 통해 많은 수익을 올린 건 사실이다. 월급만으로 벌 수 없는 돈을 만든 건 분명 투자 때문이다. 그런데 그렇게 돈을 벌었으니 좋으냐, 기쁘냐고 묻는다면 대답하기 쉽지 않다. 다른 사람에게 투자의 길을 추천하겠느냐고 묻는다면 내 대답은 분명하다. "본인이 투자를 하겠다면 말리지는 않겠다. 그러나 추천하고 싶진 않다."

내가 추천하지 못하는 이유는 분명하다. **투자는 절대 마음의 행복을 주지 않는다.** 투자를 하게 된다면 많은 어려움과 고통을 겪게 될 것이다. 행복한 삶과는 거리가 있다. 단지 돈만 벌 수 있을 뿐이다. 어쩌면 먼 훗날, 100억 이상의 돈이 만들어지면 "투자가 행복했다. 투자는 즐겁고 행복한 것이다"라고 말할 수 있을지도 모르겠다. 하지만 지금 20억 원 수준에서는 그런 말을 감히 할 수 없다. 투자를 하다 보면 마음에 고통을 입을 것이다. 대신 잘 하면 돈은 벌 수 있다. 투자는 돈과 마음의 평화, 행복을 바꾸는 작업이다.

주식을 샀는데 계속 주가가 오르면 돈도 생기고 행복할 것이다. 그런데 주식이 계속 오르는 경우는 없다. 도리어 내려간다. 내 주식 계좌는 플러스일 때보다 마이너스일 때가 훨씬 많다. 주식이 올라서 기쁜 경우보다 주식이 떨어져서 속상한 경우가 더 많다.

주식이 오른다고 해도 한 달 내내 계속 오르는 것이 아니다. 한 달 중 대부분은 내려가거나 정체이고, 며칠만 잠깐 오른다. 지금 내가 갖고 있는 주식은 두 달 동안 계속 내려가기만 하다가 일주일 사이에 폭등을 했다. 그런데 그 일주일 동안의 폭등으로 20%의 수익이 났다. 두 달 중 7주 동안 고통 속에 지냈고, 폭등했던 일주일만 괜찮았다. 즐거움과 고통 중 어떤 것을 더 많이 느끼는가 물으면 고통의 기간이 훨씬 더 길다. 부동산은 사두면 오른다고 하지만, 5년 동안 내려가거나 제자리걸음을 하다가 몇 개월 사이에 갑자기 오르기도 한다. 대부분의 시간은 왜 이걸 사들였나 자책하고, 이걸 계속 갖고 있어야 하나 고민하며 보낸다.

결국 오르니 좋은 것 아니냐고 말하지만 그렇지 않다. 투자에서 가장 어려운 시기가 폭등하는 시기이다. 차라리 점진적으로 올라주면 괜찮은데 폭등을 하면 이걸 팔아야 하나, 계속 갖고 있어야 하나 엄청나게 고민하게 된다. 계속 갖고 있다가 도로 떨어지면 어떻게 하나. 그러면 이전의 오르기 전 상태보다 훨씬 더 괴로움에 빠진다. 팔았는데 그 이후에 계속 오르면 어떻게 하나. 그 때도 절망이다. 사실 폭등하면, 내가 판 다음에 바로 폭락으로 바뀌는 경우를 제외하고 모두 고통이다. 그런데 내가 팔면 바로 폭락하는 것은 기적에 가깝다. 결국 폭등은 내 마음을 갉아먹는다. 결과적으로 돈만 벌 수 있을 뿐이다.

카지노에서 돈을 버는 것은 쉽지 않다. 투자도 마찬가지다. 마음의 평화, 행복은 없다. 그 대가는 분명히 알고 있어야 한다. 투자에서 버는 돈은 절대 불로소득이 아니다. 마음의 어려움을 버텨내야만 돈이 생긴다. 직장 생활은 즐겁게 할 수 있다. 하지만 투자는 즐겁게 할 수 없다. 최소한 지금까지 내 수준에서의 투자는 그랬다.

이익은 늘
손실 뒤에 나온다

과정보다 결과가 중요하다

카지노 게임을 할 때, '이번에는 확실할 것 같다', '이번에 베팅을 하면 분명히 돈을 벌 수 있다'라고 확신을 가질 때가 있을까? 그런 것은 없다. 카지노 게임의 모든 게임은 게이머의 승률보다 카지노의 승률이 더 높다.

마틴게일 방법은 분명히 카지노에서 돈을 벌 수 있는 기법이다. 그러나 그렇다고 해서 베팅을 할 때 반드시 돈을 딸 수 있다는 건 아니다. 1회째 베팅에서는 돈을 따기보다 잃을 확률이 더 높다. 1회째에 돈을 잃고 2회째에 베팅을 할 때에도, 2회째에 돈을 잃고 3회째에 베팅을 할 때에도, 역시 돈을 딸 확률보다 잃을 확률이 더 높다. 몇 번을 해도, 아무리 오랫동안 베팅을 해도, 아무리 고민하고 분석을 해도, 항상 돈을 잃을 확률, 질 확률이 더 높다.

마틴게일 방법은 '지금은 잃을 것이다. 하지만 계속하면 언젠가는 수익을 얻을 것이다'를 전제로 한다. 그러나 이 '언젠가'라는 것도 100% 확실한 건 아니다. 열 번 연속 검정이 나올 수도 있다. 스무 번 연속, 오십 번 연속해서 검정만 나올 수도 있다. 그렇게 될 확률이 한없이 낮다는 것일 뿐이지 불가능한 것은 아니다. 99%의 확률로 도중에 빨강이 나오겠지만, 100%는 아니다. 100% 확실해야만 베팅을 하겠다는 사람은 카지노 게임과는 맞지 않는다.

주식을 사는 사람들 중에 이미 떨어질 대로 다 떨어져서 이제부터 오르려고 하는 순간에 딱 맞춰서 주식을 사려는 사람들이 있다. 주식을 산 다음에 오르지 않고 더 떨어질 수도 있으니 가능한 한 떨어질 만큼 다 떨어지고, 완전히 바닥이 된 다음에 사려는 사람들이다. 그런 사람들은 주식을 샀는데 더 떨어지는 걸 받아들이지 못한다. 그래서 주식을 산 다음 바로 오를 수 있는 타이밍에 주식을 사고 싶어 한다.

하지만 그렇게 할 순 없다. 그동안 룰렛 게임에 빨강만 계속 나왔는데 내가 베팅할 땐 검정이 나오길 원하는 것과 동일하다. 언제 검정이 나올지 아무도 예측할 수 없다. 검정을 기대하며 베팅해도 또 빨강이 나오면 돈을 잃는다. 잃는 것이 싫어서 검정이 나오리라 확신할 때에 베팅을 시작하고 싶어 한다. 하지만 그렇게 하면 안 된다. 카지노에서 게임을 할 땐, 계속 돈을 잃더라도 최종적으로는 돈을 딸 수 있다는 기대 하에서 해야 한다. 지금 당장 돈 잃는 걸 싫어하면 게임을 할 수 없다.

이익 예상보다 손실 예상을 먼저 하라

내가 베팅을 하는 순간 검정이 나오길 바라면 안 되는 것처럼, 내가 주식을 샀을 때 주식이 오르기 시작하는 걸 바라서도 안 된다. 내가 주식을 사면 그날 주가가 떨어지고, 내일도 떨어지고, 모레도 떨어질 수 있다. 일주일 내내, 한 달 내내 떨어질 수도 있다. 그것은 절대 이상한 일이 아니다. 내가 베팅을 할 때 바로 검정이 나오는 일은 드물다. 내가 주식을 사면 바로 오르는 일도 정말 드물다.

주식을 살 땐 그 이후에 오를 확률보다 떨어질 확률이 더 높다고 생각해야 한다. 지금 당장만이 아니라 앞으로도 계속 떨어질 수 있다고 생각해야 한다. 그렇게 지금 당장은 돈을 잃지만, 이대로 계속 가면 결국 주식이 올라서 이익이 생길 수 있다. 룰렛에서도 언젠가는 검정이 나온다. 빨강이 계속 나오는 판에서 언젠가는 검정이 나오리라 믿고 베팅을 하듯, 주식도 계속 떨어지지만 언젠가는 오를 것이라고 믿고 보유해야 한다.

부동산도 마찬가지다. 사람들은 자신이 산 아파트의 가치가 앞으로 분명히 오를 것이라고 판단한 후에 사야 한다고 생각한다. 그런데 당분간은 계속해서 가격이 내려갈 것 같다고 해보자. 장기적으로는 오를 테지만, 지금 당장은 내려갈 것 같다. 그러면 이 아파트를 지금 사야 하는가, 아니면 좀 더 가격이 내리기를 기다렸다가 더 싼값에 사야 하는가?

이성적으로 생각하면 답은 분명하다. 아무리 미래에 가격이 오를 것으로 예상되더라도, 지금 당장 더 내려갈 것 같다면 사면 안 된다. 가격이 내려가는 상황을 보고 바닥까지 가면, 그때 사야 한다. 그래야 수익이 극대화된다. 그러나 그런 식으로 부동산을 구입하려고 하면 절대 사지 못한다. 언제가 바닥인가? 언제까지 가격이 내려가고 언제부터 반등할까? 언제 구입을 하면 구매 후 가격이 낮아지는 손실을 보지 않을까? 언제 구입을 해야 그때부터 오를까?

이건 절대 예측 불가능하다. 룰렛 게임을 할 때 몇 회까지 빨강이 나오고, 몇 회부터 검정이 나올 것인가를 예측하려는 것과 똑같다. 손해를 보지 않고 검정이 딱 나올 때에 맞춰서 베팅하는 것은 불가능하다. 마찬가지로 아파트 가격이 떨어질 만큼 떨어지고, 이제 오르려고 할 때 딱 맞춰서 아파트를 구입하는 것도 불가능하다.

장기적으로 봤을 때 아파트가 현재 가격보다 올라간다는 확신이 있다면 주저 말고 구입해야 한다. 좀 더 가격이 떨어지길 기다렸다가 살 생각을 하면 구입 타이밍을 놓칠 수 있다. 아예 내가 아파트를 사면 가격이 떨어질 것이라고 예상해야 한다. '내가 지금 아파트를 사면 아파트 가격은 내려가겠지. 앞으로 한참 동안 내려갈 수도 있지. 그렇지만 결국에는 내가 산 가격보다 오르겠지'라는 생각으로 구입을 해야 한다. 그래야 투자를 할 수 있다.

세상 이치라는 것이, 손실이 먼저 오고 나중에 이익이 나오는 법이다. 먼저 공부를 열심히 해서 시간과 에너지를 소비하면, 그다음에 성적이 오른다. 먼저 돈을 들여서 음식점을 차리면, 그다음에 매출이 나기 시작한다. 몇 천만 원, 몇 억 원이란 돈을 먼저 투여해서 가게를 만들면, 그다음에 이익이 날 수 있다. 일단 처음에는 손실을 보고, 그다음에 이익이 나오는 것이 세상 이치이다. 그런데 투자를 할 때는 손실 보는 걸 싫어하고 이익만 보려고 한다. 그것이 가능하면 얼마나 좋을까? 하지만 불가능하다.

그래도 투자는 다른 것들보다 훨씬 낫다. 일단 공부를 열심히 해야 성적이 오르지, 공부를 하지 않은 상태에서 시험을 봤는데 성적이 좋게 나오는 경우는 없다. 돈을 들여서 음식점을 차리지 않았는데 이익이 나는 경우는 없다.

하지만 투자는 처음부터 이익이 나는 경우가 존재한다. 룰렛에서 검정에 베팅을 했는데 처음에 바로 검정이 나오는 것처럼, 주식을 샀더니 떨어지지 않고 바로 주식이 오르는 경우, 부동산을 샀더니 바로 오르는 경우가 심심찮게 존재한다. 그러나 이것은 정말 운이다. 이런 경우가 있긴 하지만 그걸 기대하면서 투자해서는 안 된다. **내가 투자를 하면 일단 손해가 난다고 생각해야 한다.** 처음에는 손해를 보지만 결국 이익을 볼 것으로 생각해야 한다. 그래야 제대로 투자를 해나갈 수 있다.

카지노에서 배운
투자 법칙 포인트

1. 돈을 버는 것과 잘난 것은 아무 관계없다

자만하는 순간 돈은 날아간다.

2. 여유 자금을 반드시 준비하라

폭락하더라도 이성을 되찾아 줄 것이다.

3. 최소 6개월 동안 묻을 수 있는 것에만 투자하라

시간에 쫓기면서 투자하는 건 위험하다.

4. 투자는 몸과 마음이 망가지는 과정임을 인정하라

돈은 패배와 함께 온다.

5. 투자의 세계에서 기쁨을 찾지 말라

기쁨은 없다. 단지 돈만 벌 뿐.

6. 주식을 살 땐 떨어질 것이라 예상하고 사라.

늘 손실이 먼저 오는 것이 세상 이치다.

제5강

카지노와 투자에서의
주의점

중요한 것은 수익률이 아니라
수익 그 자체다

오늘 벌어들인 총 액수만을 기억하라

카지노에서 게임을 잘 했는지, 잘 하지 못했는지를 평가하는 기준은 무엇일까? 우선, 돈을 따면 잘 한 것이고 돈을 잃으면 잘 못한 것이다. 돈을 딴 것에 대해 평가하는 기준은 두 가지다. 하나는 수익률로 평가하는 것이고, 다른 하나는 절대 금액으로 평가하는 것이다.

수익률로 평가하는 방식은 게임 전에 갖고 있던 자금 대비 얼마를 땄느냐를 중요시한다. 100만 원을 갖고 게임을 했는데 5만 원을 땄다면 수익률은 5%다. 100만 원으로 20만 원을 따면 수익률은 20%다. 수익률이 더 높을 때 잘한 것으로 평가한다.

다른 하나는 절대 금액으로 평가하는 방식이다. 처음에 얼마를 갖고 있었는가는 상관이 없고, 10만 원을 땄는지, 30만 원을 땄는지의 금액 자체가 중요하다. 천만 원으로 30만 원을 따면 수익률은 고작 3%다. 반면 100만 원으로 10만 원을 따면 수익률은 10%다. 수익률로 판단한다면 100만 원으로 10만 원을 벌어 10% 수익을 낸 것이 훨씬 잘한 것이다. 하지만 절대 금액으로 따지면, 10만 원을 번 것보다 30만 원을 번 것이 더 좋다고 할 수 있다.

수익률로 평가해야 할까, 수익의 절대 금액으로 평가해야 할까? 자산이 수백억 원인 부자가 수억 원을 들고 카지노 게임을 한다면 수익률이 더 중요할지도 모르겠다. 하지만 보통의 사람들, 아직 부자가 되지 못한 사람들에게 중요한 것은 절대적인 수익 금액이다. 카지노에서 얼마를 벌었는가가 중요하다. 수익률은 사람을 기분 좋게 할 수는 있어도 별 의미 없는 수치다.

카지노 게임은 전쟁과 같다고 봐야 한다. 전쟁에서는 그 무엇보다도 이기는 것 자체가 중요하다. 전쟁에서 이기려면 보다 많은 병력을 투입하는 것이 기본이다. 우리는 적은 병력으로 병력이 훨씬 많은 적과 싸워 이기는 걸 멋있다고 생각한다. 명량 해전에서 이순신 장군이 열세 척의 배로 수백 척을 가진 일본군과 싸워 이긴 것에 감동한다. 하지만 이런 것은 궁지에 몰렸을 때 어쩌다 한 번 할 수 있는 일이다. 이순신 장군도 명량 해전에서나 일본군보다 적은 병력으로 막아섰지, 대부분 전투에서는 언제나 일본군보다 많은 배를 앞세워 전투에 나섰다. 전쟁에 나설 때는 보다 적은 병력으로 많은 병력을 이기기 위한 효율적인 방법을 찾아서는 안 된다. 일단 압도적인 병력으로 상대방에게 맞서야 한다. 최소한 적보다 유리한 상황에서 전장에 나가야 한다. 그것이 전쟁의 기본이다.

카지노도 마찬가지다. 무조건 적은 금액으로 많은 돈을 따려고 해서는 안 된다. 물론 적은 돈으로 많은 돈을 딸 수도 있다. 하지만 전투에서 많은 병력으로 싸우는 것이 유리하듯, 카지노에서도 많은 돈을 가지고 게임을 하는 것이 유리하다. 일단 많은 돈을 가지고 가야 한다. 그 많은 돈으로 적절한 수익을 내려고 해야 한다.

카지노에서 100만 원을 가지고 20만 원을 버는 것과 천만 원을 가지고 30만 원을 버는 것 중 어느 것이 더 쉬울까? 후자가 훨씬 쉽다. 100만 원으로 20만 원을 버는 건 쉽지 않지만, 천만 원으로 30만 원을 버는 건 웬만하면 가능하다. 100만 원으로 20만 원을 벌 경우의 수익률은 20%이고 천만 원으로 30만 원을 벌 경우의 수익률은 3%다. 수익률로 따지자면 두 경우는 비교할 바가 못 된다.

그러나 카지노에서 중요한 것은 수익률이 아니다. 얼마를 벌었는가, 그 자체가 중요하다. 천만 원으로 30만 원을 번 것이 100만 원으로 20만 원을 번 것보다 카지노에서는 훨씬 더 좋은 것이다. 그런 기준으로 카지노 게임을 해야 한다. 효율성을 따지지 말고 보다 많은 금액을 버는 것에 집중해야 한다. 우리에게 중요한 것은 큰돈을 버는 것이지, 높은 수익률이 아니다. 10만 원으로 시작해서 5만 원을 벌면 수익률이 50%다. 수익률로 보면 엄청나게 많이 벌었다. 하지만 이렇게 5만 원씩 아무리 벌어도 돈을 모아 부자가 되기는 힘들다. 천만 원으로 30만 원을 버는 사람이 더 부자가 되기 쉽다. 스스로 만족감을 얻는 것이 목적이라면 수익률을 중시할 수도 있다. 하지만 부자가 되는 것이 목적이라면 번 돈의 절대 금액을 중요하게 생각해야 한다.

부자는 낮은 수익률보다 적은 수익을 무서워한다

펀드 매니저들은 일반적으로 수익률로 평가를 한다. 펀드가 5% 수익률을 내는지, 10% 수익률을 내는지 중요하게 여긴다. 투자 전문가들이 수익률로 평가를 내리기 때문에 일반 개미 투자자들도 수익률로 평가하려는 경향이 있다. 주식을 사서 5% 수익을 냈는지, 20% 수익을 냈는지를 근거 삼아 평가하려고 한다. 5% 수익을 내면 그래도 괜찮았던 것으로 평가하고, 20% 수익을 내면 잘한 것으로 평가한다.

그런데 100만 원 투자에 20%의 수익을 내서 20만 원을 버는 것이 무슨 의미가 있을까? 20% 수익을 냈으니 기분은 좋을 수 있지만, 이 돈은 주식으로 번 돈이라며 주위에 한턱 쏘면 사라지는 돈이다. 기분을 좋게 하려고 주식 투자를 하는 것이라면 괜찮겠지만, 돈을 모으려고 주식 투자를 하는 사람에게는 이런 건 별 의미 없다. 차라리 500만 원을 투자해서 50만 원을 버는 10%의 이익이 훨씬 더 의미 있는 수익률이다.

펀드 매니저들은 본인들끼리 평가를 한다. 누가 더 우수한 펀드 매니저인지, 어느 회사가 더 우수한 헤지펀드인지 경쟁한다. 그런데 펀드 매니저들이 운용하는 자금의 규모는 모두 다르다. 100억 원을 운용하는 펀드 매니저가 있고, 천억 원을 운영하는 펀드 매니저가 있다. 100억 원을 운용하는 펀드매니저는 20억 원을 벌고, 천억 원을 운용하는 펀드 매니저는 50억 원을 벌었다고 하자. 만약 벌어들인 수익으로 이들을 평가한다면 50억 원을 번 펀드매니저가 더 우수하다고 할 수 있다. 하지만 수익률은 5%밖에 안 된다.

펀드 매니저들은 이미 충분한 자금을 갖고 운영하고 있고, 수익도 수십억 원 규모이다. 이렇게 자금과 수익 규모가 많을 때는 수익률로 평가하는 것이 옳다. 20%의 수익을 올린 펀드 매니저가 5% 수익을 올린 펀드 매니저보다 우수하다. 펀드 매니저들은 서로 비교하면서 누가 더 우수한지에 대한 평가를 중요하게 여긴다. 이럴 때는 수익 금액보다 수익률을 지표로 삼아야 한다.

그런데 일반 투자자들에게는 누가 더 우수한지 따지는 것이 중요하지 않다. 내가 다른 사람보다 더 좋은 투자자인지 아닌지, 수익률이 높은지 아닌지는 아무 의미 없다. **일반 투자자들에게 중요**

한 것은 "그래서 얼마를 벌었느냐"다. 돈을 많이 벌어서 부자가 되었는지 아닌지가 중요하지, 다른 사람들보다 수익률이 높은지 아닌지는 별 의미 없다.

100만 원어치 사서 50만 원을 벌면 50%의 수익을 올린 것이다. 펀드 매니저라면 전설적인 투자자로 이름을 날릴 수 있다. 하지만 일반 투자자들 사이에서는 그냥 50만 원을 번 것뿐. 50만 원이 늘어나서 내가 부자의 길에 가까워졌는가 하면 그것도 아니다. 50만 원 벌었다는 것은 투자의 세계에서 아무런 의미도 없는 말이다.

차라리 1억 원을 투자해서 500만 원 버는 것이 훨씬 더 의미 있다. 수익률은 5%밖에 안 되지만, 이 돈이면 대학 등록금을 충당할 수도 있고, 한 달 생활비를 대체할 수도 있다. 가족끼리 해외여행을 갈 수도 있다. 저금을 하면 거의 반 년 가까이 저축해야 할 돈을 한 번에 저금하는 효과도 있다. 부자가 되기 위해 필요한 것은 100만 원 투자해서 50만 원 버는 것이 아니다. 이런 식으로 50%의 수익을 아무리 올려도 부자는 못 된다. 수익률은 훨씬 낮더라도 500만 원을 버는 것이 부자로 가는 길에 더 가까워진다.

성공이 아닌
실패에 익숙해져라

늘 성공만 한다는 것의 함정

자기계발서에서 아주 빈번하게 나오는 식상한 말이 있다. '실패를 두려워하지 말라'는 말이다. '성공하기 전에 실패가 먼저 올 것이다. 그것도 한두 번이 아닌 굉장히 많은 실패들일 것이다. 이 실패들을 극복하고 노력할 때에만 성공이 온다.'

이런 실패 예찬론에는 반박이 따른다. 미국 같은 사회에서는 실패를 하더라도 다시 일어날 수 있는 기회가 있다. 그런데 한국은 한번 실패하면 끝인 경우가 많다. 고등학생 때 중간고사나 기말고사에서 한 번 실패하면 수시를 통해 원하는 대학에 들어가기 힘들다. 수능 시험에서는 실수로 몇 문제를 틀리느냐에 따라 들어가는 대학이 달라진다. 창업을 해서 실패하면 다시 도전할 수 있는 기회는 주어지지 않고 남은 인생을 빚에 쫓겨 살아가는 경우가 많다. 그래서 실패를 하지 않기 위해 조심조심 살아야 한다는 반론을 편다.

그런데 카지노 세계, 투자 세계는 어떨까? 카지노에서 실패하지 않고 계속 성공하는 것이 가능할까? 투자 세계에서 손해를 보지 않고 계속 수익만 얻는 것이 가능할까? 다른 분야는 모르겠지만 카지노, 투자 부문에서는 언제나, 항상 실패가 더 많다. 많은 실패 속 한 번의 성공, 그것이 카지노와 투자 세계에서의 원칙이다. 내가 주로 한 마틴게일 변형 방법은 기본적으로 실패가 더 많은 기법이다. 베팅을 해서 바로 수익이 나오는 경우는 절반도 채 안 된다.

일단 실패를 한다. 계속 실패를 하다가 마지막에 한 번 성공한다. 실패한 경험과 성공한 경험을 비교하면 실패한 경험이 월등히 많다. 마틴게일은 기본적으로 처음에 몇 번은 실패할 것이라는 점을 전제하고 만들어진 전략이다. 계속 실패하다가 한 번 성공하면 된다는 발상으로, 여러 번의 실패를 전제로 한다.

도박사의 파산 그래프를 다시 살펴보자.

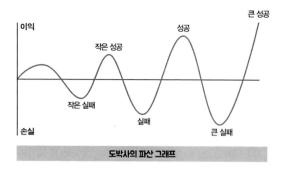

도박사의 파산 그래프

도박사의 파산은 실패와 성공이 번갈아가며 나타난다. 무조건 성공만 계속되는 경우는 없고, 또 계속해서 실패만 하는 경우도 없다. 처음에 성공으로 시작을 하더라도 곧 실패가 다가온다. 중간에 돈을 많이 벌었다고 하더라도 곧이어 실패가 밀어닥친다. 그리고 그 골짜기와 봉우리는 점점 더 깊고 높아진다. 더 중요한 것은 큰 봉우리가 나타나기 전에 큰 골짜기가 나타난다는 점이다. 많은 실패를 해서 골짜기를 깊게 만들면 그 앞을 넘어서는 봉우리가 생긴다. 큰 실패를 한 다음에 큰 성공이 나타나는 것이다.

실패를 경험하지 않고 성공만 하는 경우도 물론 있다. 초반에 계속 이겨서 성공 곡선을 타고 아직 하락세를 타기 전이다. 이때는 성공만 있다. 일단 처음에 실패하지 않고 성공 곡선을 탈 확률은 1/2이다. 처음에 실패를 많이 해서 아래로 내려가는 경우가 반, 처음에 성공을 해서 위로 올라가는 경우는 반이다. 초반에 실패만 계속한다거나, 성공만 계속한다는 것이 특별한 경우는 아니다. 그런데 게임을 계속하다 보면 초반에 성공만 하더라도 곧 하락세를 타야 한다. 실패하지 않고 계속 성공만 한다는 것은 게임을 계속하지 않고, 앞부분 상승세를 탈 때 곧바로 그만둔다는 뜻이기 때문이다.

초반에 좋을 때 바로 게임에서 나가면 항상 승자가 될 수는 있다. 카지노에서 몇 만 원의 돈만 벌고 바로 일어나는 경우, 실패를 경험하지 않고 성공만 할 수 있다. 주식 시장에서 몇 십만 원, 몇 백만 원을 벌고 주식을 팔아버린다면 100전 100승의 투자를 할 수 있다. 그런데 문제가 있다. 이런 사람은 항상 성공을 하기는 하지만, 큰 성공은 하지 못한다.

도박사의 파산 곡선에서 큰 봉우리는 늘 큰 골짜기 다음에 나온다. 실패를 경험하지 않았다는 것은 자기에게 주어진 곡선에서 첫 번째 봉우리에만 있었다는 뜻이다. 본인은 성공이라고 생각할지 모르지만, 진정한 의미의 성공은 아니다. 맛보기 성공일 뿐이다. 그 후에 훨씬 큰 성공 가능성이 있는데도 외면한 것뿐이다. 적은 돈은 벌지만 많은 돈은 벌지 못한다. 카지노에서는 실패를 경험하지 않고 돈을 벌 수 있다. 다만 적은 돈만 번다는 게 한계다. 천만 원 이상의 돈을 버는 건 불가능하다. 주식 시장에서도 이런 식으로는 억대의 돈을 벌 수 없다. 실패를 경험하지 않고 수억, 수십억 원이란 재산은 만들어지지 않는다.

골짜기를 버티는 자가 승리한다

그런데 가끔 우리 주변에서 주식을 살 때마다 오르는 사람이 있는 걸 본다. 족집게거나, 정말 실력이 있거나, 운이 좋은 사람인 것 같다. 그 사람이 고르는 건 모두 오른다. 하지만 이것을 부러워할 필요는 없다.

많은 사람들이 오른 주식에 대해서만 이야기한다. 내려간 주식은 잘 이야기하지 않는다. 오른 주식 이야기만 하니 듣는 사람 입장에서는 이 사람이 산 주식이 항상 오르기만 한 것 같다. 그렇지만 그럴 리 없다. 주식을 샀을 때 처음에 그 주식이 오르느냐 내리느냐는 1/2 확률이다. 아니, 정확히 말하면 오르는 경우는 1/2이 안 된다. 처음에 주식을 몇 번 샀을 때 잠시 오를 수는 있어도, 계속 투자를 해서 경우의 수가 많아지면 필연적으로 내려간 경우가 더 많아진다.

그리고 정말로 주식에서 항상 수익만 본 사람은 첫 골짜기가 나타나기 전에 바로 처분해서 이익을 냈다는 뜻이다. 조금조금 벌고, 큰돈은 만지지 못했다는 말이다. 이런 사람의 경우 큰돈을 벌려고 할 때 지금까지 경험하지 못해본 큰 골짜기를 만나게 된다. 그동안의 수익을 몽땅 다 날려버리는 골짜기다. 그런데 그동안 손실을 많이 경험했던 사람은 이 골짜기를 버틸 수 있지만, 처음으로 이런 골짜기를 만나는 사람은 버티지 못한다. 그동안 번 돈을 다 털고 나가게 된다.

실패에 익숙해야 하는 가장 중요한 이유는 이 점이다. 골짜기를 계속 경험해야 그 골짜기를 넘고 큰 봉우리를 만날 수 있다. 골짜기에 익숙하지 않으면 큰 골짜기를 만났을 때 버티지 못하고 거기에서 게임을 그만둔다. 큰 골짜기를 겪지 않고 큰 봉우리에 갈 수 있는 방법은 없다. 소소한 용돈 벌이만 하면서 첫 봉우리에서만 놀겠다면야 그건 개인의 선택이다. 하지만 큰돈을 벌기 위해서는, 높은 봉우리에 가기 위해서는 골짜기에 익숙해져야만 한다.

초식 동물의 투자법과 육식 동물의 투자법

'열심히'만 하면 망한다

카지노에서 하면 안 되는 행동이 하나 있다. 너무 열심히 게임을 하는 것이다. 예를 들면 룰렛을 하면서 룰렛에서 한시도 눈을 떼지 않는 경우를 말한다. 모든 룰렛 게임마다 다 참여하고 한 게임도 놓치지 않으려 든다. 룰렛 한 게임 한 게임마다 이번에는 어떻게 될까 고민하고 분석한다. 룰렛 공이 굴러가면 자기가 베팅한 숫자가 나오길 기도한다. 전념을 기울여 성실하게 게임을 한다.

이렇게 열심히 카지노 게임에 몰두할 때 수익이 많이 난다면 얼마나 좋을까? 그런데 대단히 아쉽게도 열심히 카지노 게임을 하는 사람들의 수익은 사실 그리 좋지 않다. 카지노 게임은 열심히 하면 안 되는 게임이다. 열심히 하면 안 되는데 열심히 하니, 수익이 날 수가 없다. 카지노 게임은 놀면서, 쉬면서 해야 한다. 물론 카지노에서 돈을 벌려면 열심히 해야 하는 면이 없는 건 아니다. 그러나 우리가 일반적으로 알고 있는 '열심히'는 아니다.

한눈팔지 말고 쉬지 않으며 전력을 다해 몰두하는 것. 한 게임 한 게임 최선을 다하는 것, 이것이 일반적으로 우리가 알고 있는 '열심히'라는 말의 뜻이다. 하지만 카지노에서 그런 식으로 하면 돈을 잃는다.

염소, 양과 같은 초식 동물은 열심히 먹이를 찾아다니며 먹는다. 아침부터 해가 질 때까지 계속해서 들판을 돌아다니며 풀을 찾는다. 그리고 풀을 찾을 때마다 뜯어 먹는다. 계속해서 풀을 찾아 먹는 것, 그것 말고는 다른 하는 일이 없다. 초식 동물은 그렇게 열심히 풀을 찾아 먹어야 한다. 그래야 살아갈 수 있다.

하지만 육식 동물은 열심히 먹이를 찾아다니지 않는다. 사자는 매일 잠만 자고 뒹굴기만 한다. 그렇게 빈둥대다가 배가 고파지면 그제야 사냥에 나선다. 사자가 사냥에 나서는 일은 일주일에 한두 번 정도라고 한다. 이렇게 며칠에 한 번 열심히 뛰어서 먹이를 잡고, 나머지 시간에는 또 빈둥댄다.

사자는 양과 같이 열심히 살면 안 된다. 양은 보이는 풀마다 먹겠다고 달려든다. 하지만 사자는 보이는 먹이마다 사냥하겠다고 달려들지 않는다. 사방으로 도망치는 양들을 보는 대로 다 잡겠다고 달려들면 오히려 한 마리도 잡지 못한다. 사자는 수많은 양들 중에서 딱 한 마리만 골라 그 양을 공격한다. 그래야 사냥에 성공해서 먹고 살 수 있지, 모든 먹이를 다 잡겠다고 열심히 뛰어다녔다간 굶어 죽는다.

열심히 하는 것이 좋은지 나쁜지에 절대적인 정답이 존재하는 건 아니다. 초식 동물들은 열심히 살아야 한다. 매일매일 쉬지 않고 계속해서 풀을 뜯어야 한다. 하지만 육식 동물들은 열심히 살면 안 된다. 어쩌다 한 번, 배고플 때만 사냥감을 찾아 나서는 일을 해야 한다. 배가 부른 상태에서 사냥을 하면 몸이 무거워서 사냥에 성공하지 못한다. 초식 동물이냐 육식 동물이냐에 따라 어떻게 행동해야 하는가가 달라진다. 그러면 카지노 게임은 초식 동물의 게임일까, 육식 동물의 게임일까?

몸을 움직이는 것이 중요한 직업은 초식 동물의 게임이다. 시간당 임금을 받는 직업, 투여하는 시간과 비례해서 성과가 나오는 직업도 초식 동물 게임이다. 이런 분야에서는 열심히 하는 사람이 경쟁력이 있다. 다른 사람들이 놀 때 자신은 열심히 하면 보다 우수한 성과를 올릴 수 있다.

하지만 카지노 게임은 육식 동물의 게임이다. 카지노는 돈으로 돈을 버는 직종이다. 여기에서는 열심히 하면 안 되며, 모든 게임마다 다 참여해서도 안 된다. 사자가 대부분의 양을 못 본 척하고 목표로 세운 양 하나만 노리듯, 카지노에서도 대부분의 게임을 보내버리고 가능성이 높은 몇몇 게임만 참여해야 한다.

카지노에서 한 게임 한 게임 몰두하는 건 의미가 없다. 매번 게임을 할 때마다 분석하고 앞으로 나올 수치를 예측하는 것은 그냥 시간 낭비, 에너지 낭비일 뿐이다. 잠시도 쉬지 않고 계속 게임에 참여하는 것은 오히려 집중력을 떨어뜨리는 바보 같은 짓이다.

하지만 사자도 평소에 그냥 놀기만 하는 것은 아니다. 쉬는 것처럼 보이지만 사실은 계속해서 양들을 관찰하고 있다. 어떤 양이 기운이 없는지, 잘 뛰지 못하는지, 아픈지를 멀리서 내내 관찰한다. 그러다가 사냥에 들어가면 무리 중에서 가장 못 뛰는 양을 찍어 사냥을 한다. 사자도 사실 평소에 열심히 하기는 한다. 하지만 우리가 일반적으로 알고 있는 그 열심이 아닌 것이다. 사자는 평소에 관찰을 열심히 할 뿐이지, 사냥을 열심히 하지는 않는다.

카지노에서도 게임에 직접 참여하는 시간보다 그냥 구경만 하는 시간이 더 많아야 한다. 계속 관찰을 하면서 어떤 게임에 어떤 식으로 참여할지 고른다. 이것이 육식 동물의 사냥법이다.

거래는 가끔, 관찰은 매일 하라

투자는 전형적인 육식 동물의 세계다. 매일매일 열심히 사고팔면 안 된다. 모든 종목을 거래하겠다고, 모든 기회를 놓치지 않겠다고 덤벼들면 안 된다. 대부분의 시간을 그냥 멀리서 관찰만 하고, 어쩌다 한 번 사냥에 들어가야 한다.

주식 투자의 경우 매일매일 거래하는 데이트레이딩이 있다. 나는 데이트레이딩이 수익을 낼 수 없다고 생각하진 않는다. 초식 동물은 날마다 열심히 풀을 뜯어먹고, 그것만으로도 충분히 잘 산다. 데이트레이딩은 초식 동물처럼 투자를 하는 방법이다. 그런데 이런 식으로 큰 수익을 얻을 수 있을까에 대해서는 의문이다. 주식으로 큰돈을 벌었다는 사람들 중 데이트레이딩을 하는 사람은 참 드물다. 게다가 큰돈을 벌려고 하는 이유는 편하게 살고 싶어서다. 데이트레이딩으로 돈을 번다는 건 하루의 모든 시간을 주식 시장에 바쳐야 한다는 것이다. 초식 동물은 하루라도 풀을 먹지 않으면 곤란하다. 데이트레이딩도 마찬가지다. 날마다 주식 시장에 매달려야 한다. 돈을 벌긴 하지만, 추천하기 어려운 방식이다.

투자자는 하루하루 열심히 투자해서는 안 된다. 매일 주가를 체크하고, 시간마다 주식가격을 체크하면 안 된다. 주가가 왜 오르고 내렸는지 검토하고, 분석하고, 그에 따라 거래를 하면 안 된다. 그것은 초식 동물의 방식이다. 그날그날 먹고살 수는 있지만 큰 수익은 어렵다.

투자는 어쩌다 한 번씩 이루어져야 하고, 그 어쩌다 한 번의 투자로 돈을 충분히 벌 수 있어야 한다. 그 어쩌다 한 번의 간격은 길수록 좋다. 몇 달에 한 번 하는 거래가 몇 주에 한 번 하는 거래보다 낫다. *1년에 한 번 하는 거래가 몇 달에 한 번 하는 거래보다 더 낫다.* 부동산은 몇 년에 한 번 거래해서 몇 년치 연봉을 한 번에 버는 것을 목적으로 해야 한다.

그러나 거래는 어쩌다 한 번이더라도, 관찰은 계속해서 해야 한다. 사자가 사냥을 하지 않는 시간에도 계속해서 양떼들을 관찰하듯, 계속해서 시장을 관찰해야 한다. 투자자가 열심히 해야 하는 것은 거래가 아니라 관찰이다.

'운이 좋아 보이는 사람'을
경계하라

같이 게임하는 게이머의 운도 중요하다

    카지노 게임을 할 땐 딜러와 잘 맞는지의 여부가 게임에 영향을 미친다. 이 문장에서 '딜러와 맞다'라는 것은 '딜러와 사이가 좋다', '서로 성격적으로 잘 맞는다'가 아니다. 하긴 딜러와 성격적으로 잘 맞으면 이야기를 주고받으며 재미있게 게임을 할 수는 있다. 하지만 카지노에서 재미있게 이야기 나누는 것이 중요한가? 돈을 다 잃으면서 재미있게 이야기하는 건 아무 의미 없다. 딜러와 맞는가 맞지 않는가는 내가 그 딜러보다 게임에서 더 잘 이기는지의 여부를 뜻한다. 딜러와의 1:1 승부에서 내가 딜러에게 이기는 경향이 더 강하면 그 딜러는 나와 잘 맞는 딜러이고, 내가 지는 경향이 더 강하면 잘 안 맞는 딜러이다.

    딜러보다 내 운이 더 좋아야 한다는 건 매우 중요한 문제다. 그런데 그것보다 더 중요한 것이 있다. 나와 같이 게임을 하는 게이머들의 운이다. 운이 좋은 사람과 게임을 하느냐 운이 나쁜 사람과 게임을 하느냐가 어떤 딜러와 게임을 하느냐보다 더 중요하다.

바카라나 블랙잭 같은 테이블 게임을 하다 보면, 유난히 자주 이기는 게이머가 있다. 블랙잭은 게이머의 좋은 전략과 선택으로 자주 이길 수 있지만, 바카라에서도 잘 이기는 게이머가 있다. 바카라의 승부는 순전히 운에 의해 결정된다. 그런데도 베팅할 때마다 계속 이겨서 돈을 쌓는 게이머가 존재한다. 이런 건 그 게이머의 운이 좋은 경우이다. 또 어느 게이머는 계속해서 지기만 하는 경우도 있다. 다른 게이머들은 이기고 지고를 반복하는데, 몇몇 게이머는 베팅할 때마다 계속해서 지기만 한다. 이런 게이머는 운이 안 좋은 게이머다.

카지노 테이블에서 게임을 하다 보면 딜러와의 1:1 게임이 아니라 다른 게이머들과 게임을 하게 되는 경우가 있다. 바카라에서 나는 플레이어에 베팅했는데 옆 게이머는 뱅커에 베팅할 때가 있다. 그때 플레이어가 나오면 나는 이기고 옆 게이머는 잃는다. 물론 옆 게이머가 이기고 내가 질 때도 있다. 옆 게이머는 생전 처음 보는 사람이고 테이블에서 일어나면 다시는 보지 않아도 될 사이다. 그런데도 묘하게 옆 게이머와 경쟁 심리가 생긴다. 내가 이기고 옆 게이머가 지면, 마치 내가 옆 게이머를 이긴 것 같고, 내가 지고 옆 게이머가 이기면, 내가 옆 게이머에게 진 것 같다. 카지노 게임은 카지노와 게이머 간의 싸움인데 옆 게이머들과 서로 승패가 다르면, 나와 옆 게이머들 간의 게임인 것 같은 생각이 든다. 옆 게이머들을 경쟁자로 삼고 게임을 하게 되는 경우이다.

옆 게이머를 경쟁자로 삼으면 그 때부터는 옆 게이머가 어디에 베팅하는지 신경 쓰인다. 그리고 옆 게이머가 베팅한 것과 다르게, 혹은 똑같이 베팅을 한다. 그동안의 게임 결과를 바탕으로 이후의 게임을 예측하면서 베팅하지 않고, 옆 게이머의 베팅에 따라 나의 베팅을 결정한다.

엄밀히 말하면 카지노 게임을 할 때 다른 게이머가 어떻게 베팅하는지를 고려하는 것은 바보 같은 짓이다. 그들의 베팅은 나의 게임 결과와 아무런 상관도 없다. 그런데 이성적인 생각과는 달리, 게임의 현실은 좀 다르다. 운이 좋은 게이머는 계속 이기고, 운이 나쁜 게이머는 계속 잃는다. 운이 강한 게이머와 내가 서로 다른 베팅을 하면 상대방은 따고 나는 잃는다. 운이 약한 게이머와 내가 서로 다른 베팅을 하면, 나는 따고 상대방은 잃는다. 이때는 딜러의 운보다 옆자리 게이머의 운이 더 중요하다.

그렇기 때문에 이럴 때 운 좋은 게이머와 계속 경쟁하는 것은 아무 소용이 없다. 이때는 그 운 좋은 게이머를 따라서 똑같이 베팅하는 것이 가장 좋은 전략이라고 할 수 있다. 운 좋은 게이머가 플레이어에 베팅을 하면 나도 플레이어에 베팅하고, 운 좋은 게이머가 뱅커에 베팅하면 나도 뱅커에 베팅한다. 물론 운이 나쁜 게이머와는 반대로 베팅한다. 나보다 운이 좋은 사람을 그냥 따라가고, 나보다 운이 나쁜 사람은 피해가는 것이다. 말이 안 되는 방법 같지만, 희한하게도 결과가 괜찮다.

테이블에 앉아 있다 보면 나보다 고수이거나 운이 따르는 것 같은 사람을 가끔 만날 때가 있다. 그 때는 아무 생각하지 않고 그냥 그 사람의 베팅을 따라가도 된다. 또 테이블을 관찰하다 보면 희한하게 잘 잃는 사람을 만날 때가 있다. 카지노 게임인 이상 승패 자체는 거의 반반이어야 하는데, 유독 지는 경우가 많은 사람이 있다. 그럴 때는 아무 생각하지 말고 그냥 그 사람이 베팅하는 것과 반대로만 해도 된다.

물론 이 베팅운이 그날 하루 종일 계속되진 않는다. 카지노에서 장시간 돈을 따기만 하는 경우는 거의 없다. 운은 어느 순간 다시 바뀔 것이다. 운이 좋았던 사람이 자주 잃기 시작하는 순간, 그 사람을 따라하는 것을 멈춰야 한다.

투자계에 믿을 수 있는 사람은 몇 없다

투자에도 이런 경우가 많다. 사람들 중에도 유달리 투자 운이 좋은 사람들이 있다. 물론 주식 투자 등은 카지노 게임처럼 순수하게 우연의 확률에 달려 있지 않다. 마치 포커나 고스톱 게임처럼 매 순간 무엇을 선택하느냐에 따라 결과가 달라진다. 그러나 포커나 고스톱의 경우를 봐도 잘 따는 사람과 잘 잃는 사람이 존재하듯, 주식 투자에서도 자주 돈을 버는 사람, 자주 돈을 잃는 사람이 존재한다.

주위에 그런 사람이 있다면 아무 생각하지 말고 그 사람을 따라서 같은 주식을 사는 것도 방법이다. 그 사람이 주식을 사면 나도 사고, 주식을 팔면 나도 판다. 어렵게 분석하거나 고민하지 않고 나보다 잘하는 사람을 똑같이 따라가기만 해도 스스로 고민하는 것보다 수익이 높을 수 있다.

그런데 이런 따라하기 전략에는 문제가 있다. 카지노에서는 운이 좋은 게이머가 어디에 베팅을 했는지, 돈을 벌었는지 잃었는지, 벌었다면 얼마를 벌었는지 분명하게 확인할 수 있다. 눈앞에서 베팅이 이루어지고 돈이 오가기 때문이다. 그런데 주식 투자에서는 눈앞에서 확인하는 것이 불가능하다. 어떤 이가 무슨 주식을 샀다고 말해도 정말로 산 게 맞는지, 샀다면 얼마나 샀는지 알기 힘들다. 주식 투자를 해서 많은 돈을 벌었다는 사람을 만나도 정말 번 것이 맞는지, 아니면 잃었는데도 벌었다고 거짓말 하는 사람인지 확인하기 힘들다.

주식 시장에 있다 보면 "주식으로 큰돈을 벌었다"고 말하는 사람을 자주 만난다. 정말로 돈을 벌었는지는 알 수 없다. 가끔 몇몇은 본인의 계좌에 얼마 정도의 돈이 있는지 공개하기도 하는데 이게 정말로 번 돈인지, 아니면 주위 사람들에게 빌려서 집어넣은 돈인지 알 수 없다.

자신보다 성적이 좋은 사람을 따라하는 것은 투자에서 분명히 좋은 방법이다. 그런데 자신보다 높은 수익을 낸 것이 확실한 사람만 따라해야 한다. **높은 수익을 냈다고 '말하는 사람'을 따라하면 안 된다.** 그 사람을 잘 알고, 그 사람이 언제 사고파는지에 대해 확실히 알고 있을 때만 따라해야 한다.

'어쩌다 한 번'이라는 이름의 불운

치명적인 실패가 모든 걸 가져간다

많은 사람들이 카지노를 큰돈 버는 곳, 횡재할 수 있는 곳으로 여긴다. 가진 돈을 모두 잃고 망하는 곳으로 보기도 한다. 그러나 카지노에서 한순간에 큰돈을 벌기는 쉽지 않다. 억대의 돈을 한자리에서 딸 수도 있는 슬롯머신은 카지노 게임이라기보다 로또 같은 것이니 논외로 접어두자. 카지노 게임에서 최고의 배당을 받을 수 있는 경우는 다이사이 게임에서 주사위 3개가 같은 숫자가 나오는 경우이다. 이때 배당은 150배이다. 이정도면 횡재라고 해도 될 것이다. 그런데 여기에 베팅할 수 있는 한도는 만 원이다. 만 원 베팅해서 150만 원 버는 것이 강원랜드 카지노에서 한 번에 최고로 얻을 수 있는 수익이다. 돈을 버는 것이기는 한데, 정말로 큰돈을 벌어 횡재를 한 것은 아니다.

카지노 게임은 당첨되면 보통 2배에서 30~40배의 배당을 준다. 높은 배당이 있기는 하지만 배당이 높은 곳에 큰 금액을 베팅하는 것은 금지되어 있다. 룰렛에서 가장 높은 배당은 각 개별 숫자에 베팅해서 맞히는 경우인데, 각 개별 숫자에 베팅할 수 있는 금액은 만 원이 최고이다. 룰렛에서는 만 원을 베팅해서 36만 원을 받는 것이 최고의 수익이다.

그 외 대부분의 카지노 게임, 바카라, 블랙잭, 룰렛의 아웃사이드 게임은 확률이 50%에 가깝다. 몇 번 잃고 몇 번 따고가 반복된다. 게이머의 승률이 1~2% 정도 낮기 때문에 오랫동안 하면 게이머가 돈을 잃는다. 하지만 어느 한순간에 가진 돈을 다 잃는다거나 몇 백, 몇 천만 원의 돈이 한꺼번에 사라지는 일은 벌어지지 않는다. 물론 그 반대의 경우도 마찬가지다. 카지노에서 돈을 잃는 것은 돈을 따다 잃다, 따다 잃다 하다가 어느 순간에 보면 돈이 없어져버리는 경우다. 가랑비에 옷이 젖듯 돈이 조금씩 빠져나간다. 카지노에서는 슬롯머신을 하는 것이 아닌 이상 횡재를 바라서는 안 된다. 조금씩 따고 조금씩 잃다 보니 어느새 돈을 따고 있는 상태가 됐다는 것이 이상적인 상태다.

그런데 카지노에서 가장 문제되는 경우가 있다. 분명 조금 따고 잃고를 반복해야 하는데, 어느 한순간 갑자기 돈이 쫙 빠져나가는 경우가 있다. 평소에 몇 만 원, 몇 십만 원을 벌다가도 이런 순간이 오면 순식간에 몇 백만 원이 넘는 돈을 잃는다.

사실 카지노가 게이머가 돈을 좀 따가도 아무 걱정하지 않는 이유도 이 때문이다. 카지노는 평소에 자주 돈을 따가는 게이머라 할지라도 계속 카지노에 다니다 보면 어느 한순간 그동안 번 돈을 다 토해내는 순간을 맞게 된다는 현실을 아주 잘 알고 있다.

내가 활용하는 마틴게일 시스템도 평소에 계속해서 만 원씩 따다가 어쩌다 한 번 천만 원을 잃게 되는 시스템이다. 자세히 말하면 1023/1024의 확률로 만 원을 따니까 평소에는 계속 돈을 딴다. 하지만 1/1024의 확률로 돈을 잃을 수 있는데 문제는 이때 잃는 돈이 천만 원이 넘는다. 몇 달 동안 얻은 수익을 한꺼번에 다 토해내는 것이다.

마틴게일 시스템을 사용하지 않더라도 마찬가지다. 가위바위보를 하면 이기다 지다 하는 것이 보통이다. 그런데 때로는 가위바위보를 하기만 하면 지는 날이 있다. 카지노 게임도 승패가 반반 정도가 돼야 한다. 그런데 어쩌다 하루, 운이 굉장히 안 좋아 족족 지는 날이 있다. 가위바위보라면 운이 안 좋아 족족 지기만 하더라도 그날은 가위바위보를 더는 하지 않으면 그만이다. 그런데 카지노에서는 오기가 발동한다. 또한 계속되는 손실에 이성을 잃어버린다. 통제를 하지 못하고 계속 오기로 베팅을 하다가 다 잃어버린다.

카지노에서 큰돈을 잃어버리는 것은 보통 이런 경우다. 평소에는 잘 하다가, 어느 날 하루 운이 안 좋은 날 이성을 잃어버리고 모든 돈을 날린다. 이때는 돈이 떨어지면 ATM에서 다시 찾길 반복하고, 통장에 돈이 다 떨어지면 빌려서라도 게임을 한다. 확률적으로 어쩌다 한 번 나타나는 '계속 게임에 지기만 하는 특별한 하루'를 피하지 않고, 그날 오히려 계속 더 열심히 게임을 해서 망한다.

카지노에서 가장 중요한 것 중 하나가 이 '어쩌다 한 번'을 피하는 것이다. 사실 본인의 마틴게일 변형 시스템은 어떻게 하면 빨강, 검정이 연속해서 열 번 이상 나오는 사태에서 망하지 않느냐에 집중되어 있다. 빨강이 다섯 번 연속해서 나온 이후부터 베팅하면 되지 않을까, 빨강이 여섯 번이나 일곱 번 연속해서 나온 다음부터 베팅하면 되지 않을까, 베팅 액수를 만 원에서 시작하면 열 번 이후까지 버틸 수 있지 않을까, 2만 원부터 베팅을 시작한다면? 다섯 번째부터 베팅을 시작했는데, 일곱 번 연속으로 빨강이 나오고 있다. 여덟 번째 베팅에 들어갈까 아니면 이번 한 번은 그냥 넘길까. 30만 원 베팅할 차례인데, 원래대로 30만 원 베팅을 할까 아니면 이번은 20만 원으로 줄여볼까. 나의 모든 고민은 빨강이 연속 열세 번 이상 나오면 완전히 망하는 마틴게일 시스템에서 어떻게 하면 그때 손실을 최소한으로 줄일 수 있을까에서 나온 것들이다.

그 어쩌다 한 번만 피하면 전체적으로 수익을 얻을 수 있다. 그 어쩌다 한번의 순간은 반드시 온다. 생각보다 자주 온다. 그 순간을 어떻게 피할까. 피하지 못하더라도 어떻게 손실을 줄일 수 있을까. 수백 번을 넘게 이겨 큰 수익을 벌었다 하더라도 방심할 수 없다. 그 어쩌다 한 번을 피하지 못하면 결국은 그동안 번 모든 돈을 토해 내고 오히려 잃는다.

카지노에서의 노력은 어떻게 하면 수익을 얻는가보다 어떻게 하면 이 '어쩌다 한 번'의 순간을 피할 수 있느냐에 쏟아야 한다. 게임에서 어떻게 하면 승리를 얻을까보다, '어쩌다 한 번' 일어나는 운이 나쁜 상태에서 어떻게 이성의 상실을 제어할 수 있느냐가 더 중요하다. 승리 전략보다 이런 치명적인 실패를 하지 않는 것이 더 중요하다. 치명적인 실패를 제어하지 못하면 평소에 아무리 돈을 벌어도 소용없다.

주가 폭락이라는 재난에 맞설 방법은 없다

주식 때문에 망하는 사람들은 평소에 주식에서 돈을 잃기만 하는 사람들이 아니다. 평소 주식에서 계속 잃는 사람들은 주식 자체를 적극적으로 하지 않고, 주식을 사더라도 큰돈을 넣지 않는다. 전 재산을 주식에 넣는다거나, 빚을 잔뜩 지면서 주식을 산다거나 하는 일은 더더욱 드물다. 주식 때문에 망하는 사람들은 오히려 평소 주식에서 어느 정도 돈을 버는 사람들이다. 주식에서 돈을 버니 자신감을 갖고 큰돈을 투자하는 것이고, 그동안 잃지 않아 왔기에 큰 두려움 없이 빚을 지고 주식을 산다.

문제는 어쩌다 한 번 발생하는 주가 폭락 사태다. 큰 빚을 지고, 신용을 잔뜩 끌어다 쓰고 주식을 하면 평소에는 높은 수익을 얻을 수 있지만, 주가 폭락 사태 때 망한다. 주가 폭락 사태가 자주 발생하지는 않지만 몇 년에 한두 번 정도는 반드시 발생한다. 많은 사람들이 주식 투자로 깡통이 되는 때가 대부분 이 몇 년에 한 번 발생하는 이상 현상 때이다.

주식 투자에서 중요한 것은 평소에 얼마나 수익을 얻느냐가 아니다. **어쩌다 한두 번 발생하는 이런 주가 폭락 사태를 어떻게 피하느냐이다.** 이것을 피하면 계속 수익을 얻을 수 있고, 피하지 못하면 그동안 번 돈을 다 뱉어내야 한다. 그런데 이런 주가 폭락 사태를 피해가는 것이 쉽지 않다. 주가 폭락 사태를 피해가는 것, 피하지 못하더라도 이때 망하지 않고 현상을 유지할 수 있기 위해서는 경제 전반의 흐름을 계속 파악해야 한다. 어떤 주식이 오를까, 어떤 주식을 사면 수익을 얻을 수 있을까보다 훨씬 더 어렵다. 이런 주가폭락 사태 때 망하지 않기 위해 어떻게 자금을 관리해야 하는가도 신경 써야 한다. 그냥 '이 주식이 오를 것 같으니 있는 돈으로 이 주식을 사자'식으로는 안 된다.

성적이 낮은 사람들은 어떻게 하면 문제를 맞힐까에 집중한다. 하지만 90점 이상의 높은 성적을 받는 사람들 사이에서는 어떻게 하면 실수를 하지 않고 문제를 틀리지 않을까가 더 중요하다. 한두 문제 제출되는 함정 문제를 어떻게 처리할 것인가가 성적에 큰 영향을 미친다.

카지노도 투자도 마찬가지다. 어떻게 하면 수익을 올릴까도 중요하지만, 그보다 더 중요한 것은 어떻게 하면 큰 손실을 보지 않을까다. 어쩌다 한 번 발생하는 폭락 사태를 어떻게 피할 수 있을까가 수익을 유지하는 데 더 중요하다.

자만에 빠져 공부를 멈추면
모든 것을 잃는다

공부는 계속해야 한다

보통 사람들은 카지노에서 버는 돈은 힘 들여 노력하지 않고 그냥 불로소득으로 얻는 돈이라고 본다. 하지만 나는 카지노에서 버는 돈이 노력 없이 버는 돈이라고 생각하지 않는다. 카지노에서 돈을 벌려면 공부와 노력이 없이는 안 된다. 물론 순전히 운으로 돈을 버는 것도 가능하다. 누구든 베팅해서 50% 확률로 이길 수 있는 곳이 카지노다. 카지노를 처음 찾은 초심자라도 25% 정도는 돈을 딸 것이다. 25% 정도는 돈을 잃고 나머지 50% 정도는 본전은 챙길 수 있다. 하지만 운으로 버는 것은 처음일 뿐이다. 확률상 카지노가 1~2% 유리한 게임의 속성상 계속해서 게임을 한다면 점점 잃게 된다. 한두 번 카지노에서 운으로 돈을 버는 것은 가능하지만, 지속적으로 돈을 버는 것은 운으로는 안 된다.

카지노 게임은 카지노가 돈을 벌 수 있도록 수백 년 동안 다듬어진 게임이다. 그런 게임에서 돈을 버는 것에 노력이 없을 수가 없다. 여기서 노력은 카지노 게임을 할 때 '열심히' 하는 것이 아니다. 게임 자체를 열심히 하는 것은 별 효과가 없다. 카지노를 열심히 한다는 뜻은 카지노에서 이길 수 있는 전략과 방법에 대해 열심히 살펴봐야 한다는 의미다.

공부는 계속해야 한다. 그동안 정말로 많은 사람들이 카지노에서 이길 수 있는 전략을 만들기 위해 노력했다. 그들은 게임 분석, 베팅 분석, 심리 분석 등등 카지노에서 돈을 벌 수 있는 전략에 대해 연구했다. 그러나 그런 분석 대부분은 효과가 없었다. 가끔 정말로 효과가 있는 전략이 나오기는 했다. 하지만 그런 전략이 알려지면 카지노에서는 게임 규칙을 바꿔 전략을 무력화시켰다. 그래서 실제 지금 알려진 전략은 큰 도움이 되지 않는다.

하지만 어쨌거나 공부는 해야 한다. 이유는 간단하다. 그래야 수익률을 높일 수 있기 때문이다. 공부가 필요한 이유는 자기에게 더 맞는 투자 방법을 찾기 위해서다. 한국에서는 공부를 지식을 얻는 수단으로 생각하는 경향이 강하다. 그래서 수능 등 시험이라고 하는 것은 대부분 뭔가를 아는지 모르는지 확인부터 하려고 든다. 그런데 교육의 목적은 그저 지식을 넓히는 데에만 있지 않다. 오히려 자신의 재능이 무엇인지 찾고 계발하는 것이 더욱 중요한 목적이다. 어떤 부분에 자기의 재능이 있는지 알기 위해서는 일단 각 부분을 조금씩 알아야 한다. 아무것도 해보지 않은 사람은 자신의 재능이 무엇인지 알 수 없다. 국어, 수학, 영어, 음악, 미술, 지리, 체육 등을 어느 정도 해보면, 이 중에서 자기가 어떤 것을 잘하고 관심이 있는지 알게 된다. 그렇게 자기가 잘하는 분야를 찾고 그 분야를 계발하는 것이 교육의 의미다. 한국의 교육은 모든 과목들을 다 잘하라고 하지만 그것은 원래 의미의 교육이 아니다. 자기가 잘하는 부분을 찾아서 더 잘하게 하는 것이 교육이고 공부다.

카지노 게임 전략은 여러 가지다. 일단 카지노 게임 중에서 자기에게 맞는 게임이 무엇인지 찾아야 한다. 그리고 그 게임의 전략으로 무엇이 있는지 파악하고, 그 전략들 중 자기에게 맞는 것은 무엇인지 찾아야 한다. 한두 번 해보고 자기에게 맞는지 아닌지 알 수 있는 것은 아니다. 남녀가 서로 자기에게 맞는지 아닌지를 파악하는 데 매일매일 연락하고 만나도 최소한 몇 개월은 걸린다. 그런데 카지노에서 자기에게 맞는 게임과 전략을 고작 며칠 사이에 찾을 수 있을 리 없다. 카지노에서 수익을 얻을 수 있다는 것은 평생 동안 먹고 살아갈 수 있는 기술을 익히는 것과 같다. 그런 것이 쉽게 될 리 없다.

카지노 게임에 대해서 알고자 하면 공부할 것은 엄청나게 많다. 카지노 게임 자체는 단순하지만 전략은 그만큼 단순하지 않다. 수십 년 넘게 많은 사람들이 카지노 전략에 대해 이야기해왔다. 그런 것들을 모두 찾아보는 데만도 오랜 시간이 걸린다. 그리고 궁극적으로 모든 게임은 심리 게임이다. 게임 전략, 방법도 결국 심리와 연결된다. 실제 마지막에 카지노에서 수익을 얻느냐 마느냐는 심리에 의해서 결정된다. 전 세계 수많은 심리학자, 경제학자들이 투자 심리에 대해 연구하고 있다. 알아두면 좋은 것, 도움이 되는 지식은 많지만 이것들을 다 알고 카지노 게임을 시작할 수는 없다. 그래도 계속해서 새로운 지식을 찾아야 한다. 직접 적용하지는 않더라도, 알고 있는 것만으로도 도움이 되는 경우가 많다.

공부를 계속하는 것이 중요한 이유는, 공부를 한다는 것은 아직 자신이 부족하고 모르는 게 있다는 것을 스스로 인정한다는 뜻이 되기 때문이다. 아직 부족하다고 생각하기 때문에 공부를 하지, 자신이 충분히 잘 알고 있다고 생각하면 공부를 하지 않는다. 카지노에 다니는 사람은 누구나 처음에는 공부를 한다. 자기가 모른다는 것을 인정하기 때문이다. 그런데 어느 정도 공부를 하고 카지노에 다니기 시작하면 그때부터 공부를 하지 않는다. 이미 충분히 알고 있다고 생각하기 때문이다. 자기가 다 안다, 충분히 안다, 이제 공부할 필요가 없다고 생각하는 것은 자만이다.

보통 사회생활이라면 자만을 해도 별 상관없을 것이다. 주위에서 안 좋게 생각하는 사람이 있을 수는 있지만, 스스로는 행복하다. 그런데 카지노는 심리 게임이다. 자만하며 자기가 옳고 잘 안다고 생각하면 돈을 잃는다. 카지노 게임의 흐름을 따르지 않고 자기를 내세우는 순간 바로 돈을 잃는 곳이 카지노이다. 그래서 공부를 하는 것이 중요하다. 공부를 한다는 것은 아직 자신이 부족하다는 것을 인정하는 것이고, 또 자만하지 않는다는 뜻이다. 이것은 수익을 계속 얻기 위한 필수 조건이다.

무수한 정보들 앞에서 겸손해져라

주식이나 부동산 등 투자는 카지노보다 훨씬 더 많은 공부가 필요하다. 카지노에 전략, 베팅 같은 공부가 필요하다고는 하지만, 카지노 게임 그 자체는 단순하다. 게임의 종류와 룰도 변하지 않는다. 그런데 주식과 부동산 같은 투자 상품은 그 종류와 룰이 변한다. 무엇보다 카지노는 카지노 그 자체만 배워도 된다. 그런데 주식의 경우에는 주식 그 자체만 아는 것은 아무 소용이 없다. 주가의 움직임은 해당 회사의 움직임하고만 연관된 것이 아니라 해당 산업 자체와도 밀접한 관련이 있고, 한국 경제 전체의 움직임, 세계 경제와도 관련이 있다. 정부가 어떤 정책을 펴는지, 어떤 규제를 만드는지에 따라서도 급변한다. 카지노처럼 변화가 거의 없는 것도 계속 배워야 하니, 주식, 부동산처럼 자체적으로 계속해서 변화하는 것들에 대해선 훨씬 더 많은 것을 배워야 한다.

주식과 부동산 자료들은 사방에 쌓여있다. 교보문고 같은 큰 서점에 가면 주식 코너, 부동산 코너, 재테크 코너 등 코너별로 수많은 책들이 쌓여 있다. 경제 흐름이 변하고 정책이 변하면서 계속해서 새로운 책과 투자 방법이 소개된다.

이런 것들을 본다고 한들 수익이 증가되지는 않는다고 비판을 하는 사람들도 많다. 물론 그런 책 수십 권으로 열심히 공부한다 해서 바로 수익을 얻고 부자가 되지는 않을 것이다. 하지만 자료들을 무시하고 아무것도 살피지 않으면 분명 투자에서 손실을 보게 될 것이다. 투자는 앞날을 예측해야만 수익이 나는 게임이다. **미래를 제대로 예측할 수 없다 하더라도 최소한 현재 일어나는 일은 따라가야 한다.** 과거만 알고 있다면 투자에서 잃을 수밖에 없다.

기쁨과 슬픔, 감정이라는
마지막 함정

커다란 진폭을 갈망하는 사람들

사람들은 왜 카지노에 가는 걸까? 돈을 벌기 위해? 보통의 많은 사람들은 카지노에 가는 것을 돈을 벌기 위해 가는 것으로 생각한다. 하지만 앞에서 여러 번 말했다시피 카지노에서 큰돈을 버는 것은 어렵다. 또한 돈이 목적이라면 큰돈을 벌면 더 이상 그 일을 하지 않아야 한다. 하지만 카지노에서 돈을 번 사람은 그렇지 않다. 재수가 좋아 카지노에서 큰돈을 벌었지만, 그 후에도 계속 카지노에 다니다가 돈을 잃게 된 이야기는 정말 흔하다.

카지노에서 큰돈을 번 사람은 카지노를 끊는 게 아니라 더 자주 다닌다. 다른 분야에서는 계속 돈을 잃고 손해를 보면 그 일을 하지 않고 분야를 바꿔버린다. 처음에 돈이 되는 줄 알아서 시작하더라도, 돈이 안 된다는 것을 알게 되면 그 일을 하지 않는다. 그게 일반

적이다. 하지만 카지노는 아니다. 돈을 잃어도 계속 간다. 돈을 따도 계속 가고 돈을 잃어도 계속 간다. 돈 자체가 목적이 아니라는 뜻이다. 카지노에 다니는 사람이 겉으로는 돈 때문이라고 말하고 주위에서도 그렇게 생각하지만, 사실 카지노는 '돈'만을 위해서 가는 곳이 아니다. 돈보다 더 중요한 무엇이 있다.

가끔 카지노에서 심장발작을 일으키는 사람들이 있다. 카지노 게임에 이기고 너무 기뻐서 심장발작이 오는 것인데, 이런 경우의 게임은 주로 룰렛이다. 룰렛의 한 숫자에 베팅해서 당첨될 확률은 1/38이다. 일상에서 이런 확률이 발생하는 경우가 얼마나 될까? 평상시에 잘 발생하지 않는 일, 자신에게 일어나리라고 예상되지 않는 일을 경험할 확률은 얼마나 될까? 특히, 나쁜 쪽이 아니라 좋은 쪽으로 예상하지 못한 일이 발생하는 경우가 얼마나 될까?

본인의 생활을 돌아보자. 1/38은 2.6%이다. 나의 생활 중 2.6%의 확률을 가진 일이 어느 정도 발생할까? 예상하지 못한 일이 가끔 발생하기는 한다. 그런데 예상하지 못한 일은 대부분 나쁜 일이다. 길을 가다가 넘어진다든지, 교통사고를 당한다든지, 누가 아프다는 연락을 받는다든지 등등 나쁜 일이 예상 외로 발생한다. 예상하지 못한 좋은 일이 발생하는 경우는 얼마나 될까? 좋은 일은 대부분 미리 준비하고 기대한 일이다. 그리고 보통 20대, 젊을 때 그런 좋은 일이 발생한다. 예상 못한 좋은 일, 특히 우연히 발생하는 좋은 일은 인생에 그렇게 자주 일어나지 않는다. 특히 가정이 정착되는 30대 후반부터는 좋은 일이 별로 일어나지 않는다.

우리들의 일상생활에서 감정의 기복은 별로 없다. 큰 슬픔도 없고 큰 기쁨도 없다. 젊을 때는 기쁨과 슬픔의 진폭이 있기도 하지만, 30대 후반이 넘어가면 그런 감정의 진폭이 별로 없다. 계속 쉽지 않은 생활을 하다가 가끔 소소한 기쁨이 온다. 그러다가 사고가 발생하거나 사망하는 사람들이 있어 가끔 큰 슬픔을 겪는다.

그런데 카지노 게임을 하다 보면 감정의 진폭이 커진다. 게임에서 이기면 다른 사람이 바보 같다고 생각할 정도로 기뻐한다. 그리고 큰 게임에서 지면 절망한다. 카지노에서는 이기고 지는 것이 반복된다. 기쁨과 슬픔이 반복된다. 그런데 이 기쁨의 정도가 일상생활에서 느끼는 기쁨보다 훨씬 더 크다. 일상생활에서 느끼기 힘든 기쁨이 카지노에는 있다. 감정의 진폭이 일상생활에서보다 훨씬 더 큰 것이다.

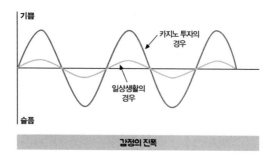

감정의 진폭

감정의 진폭 없이 그냥 평온한 마음으로 지내는 것이 좋은지, 큰 기쁨과 슬픔을 경험하는 것이 더 좋은지 나는 잘 모른다. 그런 식의 진폭이 높은 감정을 경험하는 걸 두려워하는 사람들도 있다. 하지만 일단 큰 진폭의 기쁨을 한번 경험하면 그 커다란 진폭을 다시 느끼고 싶어 하는 사람들도 많이 있다. 큰 진폭의 기쁨을 다시 한번 경험하는 그 자체를 바라고, 돈을 주고서라도 또 경험하고 싶어 한다. 나는 사람들이 카지노를 하는 진정한 이유가 바로 이 점이라고 생각한다. 일상에서 느끼지 못하는 감정의 진폭을 카지노 게임이나 도박을 할 때는 쉽게 느낄 수 있다.

그런데 바로 여기에 문제가 있다. 이 커다란 진폭의 기쁨과 슬픔 속에서는 보통 때와 심리 상태가 다르다. 평소 생활에서 하지 않던 감정의 표출, 행동 등이 발생한다. 평상시에는 마음을 제어할 수 있지만, 이런 커다란 진폭의 마음은 제어하지 못한다. 그래서 갑자기 자기가 가진 모든 돈을 다 베팅하고, 정신이 없는 상태에서도 베팅을 하곤 한다. 카지노에 다니다 보면 이렇게 감정의 진폭이 높아져 제정신이 아닌 상태를 경험하게 된다. 이때 스스로를 자제하지 못하면 끝장이다. 한순간에 모든 돈을 다 잃을 수 있다. 이 감정의 진폭 속에서 자기 자신을 잃지 않는 것이 카지노에 계속 다니기 위한 필수 조건이다.

성공했을 때조차 감정을 제어하라

투자에서는, 수익이 나면 기쁘고 손실이 나면 슬프다. 큰 수익이 나면 더욱 더 기쁘다. 이 감정의 진폭은 투자에서보다는 카지노에서 더 크다고 생각한다. 카지노에서 마음을 제어할 수 있다면 평상시 투자에서는 마음 제어가 더 쉽다.

카지노에서와 마찬가지로, 투자에서도 기쁨과 슬픔의 진폭이 커질 때 그것을 제어할 필요가 있다. 투자에 성공해서 기쁜 마음일 때, 평상시 마음상태에서 벗어났을 때 사고를 칠 가능성이 높아진다. 투자에 실패해서 패닉에 빠졌을 때는 평상시라면 이해할 수 없는 행동을 하는 일이 생긴다. 평상시라면 절대 투자하지 않았을 종목, 평상시라면 베팅하지 않았을 금액을 이런 때는 막 집어넣는다.

감정의 진폭이 심해졌을 때 어떻게 이것을 받아들이고 제어할 것인가. 그것이 되어야 오랜 기간 투자를 할 수 있다. 그 감정에 휘둘리면 일단 멈춰야 한다.

카지노에서 배운 투자 법칙 포인트

1. 수익률에 연연해하지 말라
그래서 얼마를 벌었는가만 중요하다.

2. 성공이 아닌 실패에 익숙해져라
큰 골짜기를 견디는 자만 큰 봉우리에 갈 수 있다.

3. 거래는 가끔 한 번만 하라
매일 해야 하는 것은 거래가 아니라 관찰이다.

4. 투자운 좋은 사람의 투자 노선을 따라가라
단, 말만 앞선 투자자는 아닌지 의심해야 한다.

5. 주가 폭락은 극복의 대상이 아닌 피해야 할 재난이다
늘 경제의 흐름을 파악해야 한다.

6. 투자 관련 신간은 무조건 읽어라
변화하는 투자 시장에 대비해야 한다.

7. 내 감정에 빠져 사고 치는 것을 조심하라
투자에 성공했을 때조차 감정을 컨트롤해야 한다.

제6강

실전 사례

나는 이런 투자를 했다

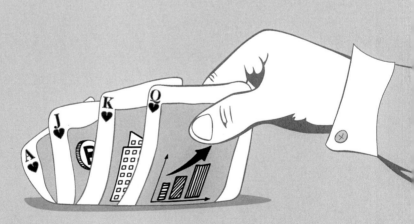

※ 여기에서는 지난 기간 본인의 실제 투자 성과를 이야기해본다.
2011년부터 2018년 말까지의 이야기다. 이 기간에 했던 주된
투자 대상은 주식과 부동산이지만, 실제 성과에 영향을 미친
것으로 비트코인도 있다. 이 세 가지에 대해 간략하게 투자 이
야기를 해보고자 한다.

비트코인
가장 수익률이 높았던 투자

지금까지 살면서 가장 수익률이 높았던 투자는 비트코인이다. 내자산 증가에도 상당한 역할을 했다. 비트코인이 미래에 화폐로 사용될 것인가 아닌가, 거품인가 아닌가에 대해서는 아직도 말이 많다. 나는 비트코인이 한국에서 화폐처럼 사용될 일은 없다고 생각한다. 그렇지만 비트코인은 한국을 대상으로 만들어지지 않았다. 한국에서의 사용 유무와 비트코인의 가격은 관계가 없다. 국제적으로 비트코인이 유통되기만 하면 충분히 가격이 유지된다.

내가 비트코인에 관심을 갖게 된 건 2015년이었다. 그땐 비트코인이 전 세계에서 화폐로 상용될 것으로 여기지 않았다. 유통량이 너무 적었기 때문이다. 비트코인은 2천1백만 개만 발행된다. 전 세계 경제 규모를 고려할 때 2천1백만 개뿐인 코인이 일상 화폐로 사용될 리는 없다고 생각했다. 하지만 비트코인 가격은 오를 것이라고 예측했다. 상품의 가격은 수요와 공급으로 결정된다. 비트코인의 공급은 2천1백만 개로 고정이다. 그러면 비트코인의 가격은 수요에 의해서만 영향 받는다. 수요가 있을 때 가격이 오르는 것이고, 수요가 없으면 가격이 내려간다. 아무도 비트코인을 찾지 않으면 비트코인의 가격은 0원이 된다. 비트코인이 화폐로 사용될 것인가 아닌가, 비트코인의 진정한 가치가 얼마인가 등등은 별 상관없다. 화폐로 사용되든 말든 수요가 있으면 가격이 오른다.

비트코인은 이쪽 계통에서는 굉장히 유명하다. 마니아들이 있다. 비트코인을 갖고 있다는 것만으로 쿨하게 느껴진다. 그렇게 비트코인을 1개라도 가지고 있겠다고 하는 사람이 전 세계적으로 2천1백만 명 이상이면 비트코인 가격은 폭등을 할 것이다. 그런데 비트코인을 갖고 싶어 하는 사람이 과연 비트코인 수보다 많을까? 전 세계적으로 보면 아마 넘을 것이다. 무엇보다 비트코인은 새로운 시대의 상징물 아닌가. 어찌되었든 비트코인을 갖고 싶어 하는 사람은 있다. 화폐수집가들의 수요만으로도 수백만 개는 소비될 것이다.

비트코인의 수가 2천1백만 개가 되는 시점, 더는 증가되지 않는 시점은 2040년쯤으로 예상하지만, 2천만 개만 되더라도 그 이상 증가하는 것은 굉장히 힘들다. 2025년 정도 되면 굉장히 오를 것이다. 최소 천만 원은 될 것이고, 1억 원이 될 수도 있다.

나는 비트코인을 사서 10년 정도 묵히기로 했다. 몇 달 동안 500만 원어치씩 두 번, 모두 천만 원어치를 샀다. 2015년도 당시 비트코인 가격은 하나에 50만 원이었다. 당시 나는 천만 원에 20개를 구입해서 갖고 있었다.

사람들은 주로 2017년 가을부터 발생한 비트코인 폭등을 기억한다. 2017년 9월 경, 500만 원에 거래되던 비트코인이 2018년 1월에 2천4백만 원이 넘었다. 한국 사회에 비트코인, 그리고 가상화폐 광풍이 불었다. 비트코인 가격도 천만 원을 돌파했다가 천오백만 원을 넘어서더니, 나중에는 2천만 원이 넘었다 등등의 소식이 톱뉴스를 장식했다.

나의 이익은 굉장히 컸다. 한 개당 50만 원에 산 비트코인이 2천만 원을 넘었으니 이익이 얼마인가. 40배나 올랐다. 천만 원을 투자해서 4억 원이 넘는 수익을 냈다. 주위에 비트코인으로 큰돈을 벌었다는 이야기는 많이 들려도, 실제로 번 사람을 만나기는 힘들었던 때다. 그런데 내 수익은 4억 원을 넘었다.

이제 팔아야 할까? 하지만 파는 것도 간단하지 않았다. 나는 비트코인이 최소 천만 원 이상, 1억 원까지 될 수 있다는 생각으로 구입을 했다. 그리고 비트코인은 공급이 줄어드는 2020년대 중반에 가서야 오를 수 있다고 예측했다. 아직 내가 생각한 팔아야 할 시기가 안 됐다. 더 갖고 있어야 한다. 이성은 아직 팔지 말아야 한다고 말하고 있었다.

그런데 내 마음이, 감정이 버티지를 못했다. 이때 비트코인은 계속 오르기만 한 것이 아니다. 폭락과 폭등을 왔다갔다 했다. 오늘 수백만 원이 오르고, 이튿날 수백만 원이 떨어졌다. 나는 20개의 비트코인을 갖고 있었는데, 하루에 400만 원이 오르면 하루 8천만 원이 올랐다는 뜻이다. 하루 400만 원이 떨어지면 하루 8천만 원이 떨어졌다. 하루에 300만 원 올랐다가 300만 원 떨어지면 1억 2천만 원이란 돈이 왔다갔다 했다. 그런데 12월부터는 하루에 1억 원이 넘게 움직이는 날들이 이어졌다.

그때 나는 하루에 수십만 원, 수백만 원 움직이는 것은 그냥 담담히 지켜볼 수 있었다. 그런데 하루에 수천만 원이 움직이는 것은 이 비트코인이 처음이었다. 1억 원 이상의 돈이 움직이는 것은 끔찍했다. 오르면 좋았지만, 내리면 지옥이다. 비트코인의 가격이 왔다갔다 할 때마다 마음도 천당과 지옥을 오갔다.

카지노에 다니면서부터 스스로 정한 기준이 있다. 마음이 견디지 못하면 멈춰야 한다. 떠나야 한다. 계속 있으면 망가질 뿐이다. 나는 비트코인이 폭등과 폭락을 왔다갔다 하는 도중에 팔았다. 2017년 12월, 한 개 가격이 1,800만 원일 때 처분했다.

비트코인은 내가 지금까지 한 투자 중에서 최고의 수익률을 올렸다. 50만 원에 산 것을 1,800만 원에 처분했으니 35배도 넘는 수익률이었다. 내 평생 또 한 번 이런 것을 경험할 수 있을지 의문이다. 그러면 이렇게 큰 수익을 얻었으니 난 좋은 투자자였을까? 비트코인이 오를 것을 미리 알고 50만 원일 때 샀으니 난 선견지명 있는 투자자였을까? 그렇진 않다.

우선 내가 1,800만 원에 판 이후에도 비트코인의 가격은 계속 올랐다. 2018년 1월, 비트코인은 2천5백만 원이 됐다. 그냥 갖고 있었다면 5억 원이 넘었을 것이다. 난 절망하며 그 추세를 지켜만 봤다. 그 이후 비트코인이 폭락을 하면서 1,800만 원에 판 것이 정말 잘한 일이라는 것을 알게 됐다. 하지만 내가 1,800만 원에 팔 때는 이제 내릴 때라고 올바르게 판단해서 판 게 아니다. 더는 마음이 버티지 못했기 때문에, 매일매일이 패닉이었기 때문에 팔았다. 결과적으로 잘된 일이었지만, 운이 좋았을 뿐이다.

그리고 2015년에 50만 원 하던 비트코인의 가격이 계속 올라서 2017년에 천만 원을 넘은 것이 아니다. 내가 비트코인을 한 개 가격 50만 원 할 때 산 이후에 비트코인 가격은 폭락했었다. 개당 25만 원으로 반타작이 났다. 계속 갖고 있어야 하나 아니면 지금이라도 팔아치우고 손을 떼야 하나 고민해야 했다. 하지만 계속 갖고 있기로 했다. 내가 생각한 상승 시점은 2020년대 중반이다. 10년 후에 오르겠다고 생각해서 산 비트코인이었다. 아직 1~2년밖에 안 지났다. 그냥 갖고 있자라고 생각했다. 하지만 더 구입하지는 않았다. 반타작으로 떨어진 것을 더 살 수는 없었다. 비트코인이 천만 원이 넘을 것이라고 100% 확신을 가졌다면 이때 더 샀을 것이다. 그 뒤 조금 조금씩 오를 때도 더 구입할 수 있는 기회는 얼마든지 있었다. 하지만 처음 투자한 천만 원보다 돈을 더 투여할 정도의 확신은 없었다. 100% 확신은 아니었다는 뜻이다.

무엇보다 내가 2015년 당시 투자로 산 것은 비트코인만이 아니었다. 은도 샀다. 은은 산업용으로 사용되고, 현대 기기에서 반드시 필요한 필수 금속이다. 공급은 거의 증가하지 않지만 수요는 계속 증가하는 금속이다. 그래서 은도 천만 원어치 구입했었다. 원유 ETF도 샀다. 당시 원유 가격이 50% 이상 폭락했고, '2~3년 사이에 원래 가격으로 돌아가겠지' 생각하며 원유 상품을 샀다. 그런데 결과는? 은은 지금도 내가 산 가격의 70% 수준이다. 원유 ETF도 결국 30% 정도 손실을 보고 처분해야 했다. 당시 구입한 것들은 모두 손실이었다. 오직 하나, 비트코인만 이익이 났다. 그런데 그 이익이 엄청났던 것이다.

비트코인에서 이익을 낼 수 있었던 이유는 한 가지다. 비트코인이 천만 원에서 1억 원까지 될 수 있다고 생각하고 계속 보유해온 것. 사실 아직도 비트코인은 더 오를 수 있다고 생각한다. 그래서 비트코인이 500만 원 정도로 떨어졌을 때 다시 구입을 했다. 지금은 600만 원대의 가격인데, 내가 원래 생각한 비트코인 가격 상승 시점은 2020년대 중반이다. 그 때까지는 더 기다려볼 생각이다.

주식
가장 가능성이 높은 투자

주식은 가장 대표적인 투자 상품이다. 그만큼 주식 투자 방법에 대한 책, 자료, 정보가 엄청나다. 그러나 나는 주식 투자에 대해 아직도 잘 알지 못한다. 나름 오랜 시간 지켜보고, 책도 많이 읽고, 투자 방법을 찾기 위해 이런 저런 방법을 가장 많이 시도한 것이 주식이다. 하지만 어떻게 해야 주식에서 제대로 수익을 얻을 수 있는지 모르겠다.

내가 카지노를 하며 배운 투자 방법을 한 문장으로 정리하자면, '분명하게 앞으로 실현될 것에 베팅하고, 그것이 실현될 때까지 기다려라'다. 분명히 나타날 것으로 99.9% 이상 예측되는 것에 베팅하고, 정말 실현될 때까지 베팅을 유지하는 방법이다. 그런데 주식 시장에서의 문제는 '분명히 앞으로 실현될 것'을 알기 어렵다는 점이다. 어떤 것이 오를 것이라는 확신을 가지는 게 가장 어려운 곳이 바로 주식 시장이었다.

그동안 나는 다음과 같은 다양한 방식의 주식 투자를 해봤다.

❖ 엘리어트 파동 이론

주식에서 유명한 엘리어트 파동 이론(주가의 움직임은 상승 5파와 하락 3파로 움직이면서 끝없이 순환한다는 이론) 등에서 나오는 추세선에 따라 투자를 해본 적이 있다. 그런데 막상 주식을 사면 그래프와 상관없이 오르거나 내려갔다. 확률이 절반이다. 이렇다는 건 사실 추세선이 아무런 의미도 없다는 뜻이다. 주식 시장 전체가 활황이면 추세선대로 오르는 경우가 많고, 주식 시장 전체가 불황이면 내려가는 경우가 많았다. 주식 시장이 좋을 땐 추세선이 의미 있는 것 같았지만, 좋지 않을 땐 추세선과 아무 상관없이 내려갔다. 그래서 추세선을 따라 투자하는 것은 그만두었다.

❖ 저低 PER, 저 PBR

시스템 투자 방법도 따라해 보았다. 저 PER, 저 PBR 등 주식 지표들이 저평가 되어 있는 것들을 샀다. 그리고 3개월이나 6개월 주기로 체크해서 포트폴리오를 바꿨다. 해당 시점에서 가장 PER나 PBR이 낮은 것들로 구입을 하는 것이다.

이 방법은 1년 내에 수익이 난다는 것을 보장하지는 못해도, 2년, 3년 동안 계속하면 높은 수익이 보장된다고들 한다. 이대로 해보니 정말 10% 정도의 수익이 났다. 펀드매니저들에게는 꽤 높은 수익률이다. 이 방식을 사용하면 분명히 잃지 않고 안정적으로 수익을 얻을 수 있을 것 같았다. 주기적으로 저 PER 주, 저 PBR 주 등으로 바꿔주기만 하면 되니 그다지 노력할 것도 없다. 문제는 이 10% 정도의 수익률이 나 같은 개미 투자자에게는 별 의미 없는 수익률이라는 점이다. 3천만 원을 투자하면 1년에 평균 300만 원 정도의 수익을 얻는다. 1억 원으로 10년 내내 투자를 해도 2억 원 정도만 손에 쥘 뿐이다. 만약 10억 원어치 주식을 이런 식으로 투자한다면 1년에 평균 1억 원 정도 수익을 얻을 수 있을 것이다. 즉 이 투자 방식은 이미 부자인 사람들, 투자금이 수십 억, 수백 억 원 있는 사람들에게나 괜찮은 방식이다. 하지만 앞으로 부자가 되고자 하는 사람들이 사용할 만한 방식은 아니었다.

❖ 호재 뉴스 따라가기

뉴스 기사를 살피며 주식을 매매해보기도 했다. 호재가 발표되면 주식이 오른다. 여기까지는 괜찮지만 문제는 오른 다음에 종종 바로 내려간다는 점이다. 정치 테마에 오른 주식의 경우 단번에 두 배가 오르기도 했다. 그런데 곧바로 원래 가격으로 폭락했다. 호재가 있다는 걸 알고 주식을 구입해본들 언제 떨어질지 알 수 없다. 앞으로도 오를 것이 확실해야 하는데 확신할 수 없고, 올랐다가 떨어질 것이라는 점만 확실했다. 나에겐 이 방법이 적절하지 않았다.

❖ 데이트레이딩

매일매일 주식을 사고파는 데이트레이딩도 해봤지만 바로 포기했다. 데이트레이딩 자체가 안 좋다고 보지는 않는다. 이 방식으로 하루 1%의 수익을 얻는 게 그렇게까지 어렵진 않다. 또 100만 원의 하루 1% 수익인 만 원은 별것 아닌 것처럼 보여도, 1억 원의 하루 1% 수익은 무려 100만 원이다. 문제는 하루 종일, 매일 매달려야 한다는 점이다. 다른 일은 아무것도 할 수 없다. 하루 종일 주식 시세판을 보는 전업투자자만이 할 수 있는 방식이다.

❖ 장기 투자

10년을 바라보는 장기 투자도 시도해본 적이 있다. 크게 성장해서 10년 후쯤 시대를 바꿀 것으로 예상되는 주식을 산 뒤 묻어두는 투자 방식이다. 한국의 주식 중 10년 후를 바라보며 살 만한 주식은 찾기 어렵기 때문에 이 경우에는 해외 투자를 했다. 애플, 아마존, 구글 등의 기업, 중국의 평안보험, 마오타이 등 유망하다는 종목들 10여 개를 골라서 사놓았다. 처음에는 이 주식들도 다 폭락해 손실이 컸다. 그러다가 1~2년 지나면서 회복하고 지금은 올라 있다. 사놓은 지 4년 가까이 됐고, 총 50%가 올라 수익률은 연 10% 이상이다. 그런데 문제는 수익을 실현해서 돈을 쓸 수가 없다. 지금 돈을 빼면 장기투자의 의미가 별로 없다. 그렇다고 정말 10년 동안 묵혀 두려면 그전까진 지금 이대로 살아야 한다는 말이 된다. 생활비가 충분히 있는 상태에서 여윳돈이 있다면 10년 장기 투자도 괜찮은 방법이다. 그러나 계속해서 돈을 쓸 일이 생겨 돈을 빼야 하는 사람들에게는 좋은 방법이 아니다. 계속 갖고 있어야 하나, 빼서 써야 하나 끊임없는 고민거리가 생긴다. 10년을 그냥 묻어두는 것이 아니라, 계속 고민을 하면서 시간을 보내게 된다.

❖ 실적주 투자

실적이 좋아질 것으로 예상되는 주식들을 찾는 실적주 투자도 해 봤다. 전 세계적으로 원유 가격이 폭락할 때, 원유 가격이 하락하면 이익이 오르는 기업을 찾는 방식이다. 이런 방식으로 고른 종목들의 주식은 확실히 올랐다. 그런데 주식이 오르니까 많은 기업들이 유상증자를 했다. 유상증자 발표를 하면 주가는 폭락한다. 몇 년 사이에 유상증자를 5번 정도 맞고 나서, 이렇게 계속할 수는 없다는 생각에 실적주 투자를 그만뒀다. 믿을 수 있는 기업에 투자해야지, 실적만 오르는 기업에 투자해선 안 된다.

현재는 PER, PBR이 낮으면서 계속 성장하는 기업들, 배당률이 높아서 적정 배당률까지는 주가가 오를 것으로 예상되는 기업들에 투자하고 있다. 아직까진 적절한 수익이 나고 있는데, 장기적으로 어떨지는 아직 잘 모르겠다.

이런저런 투자 방법을 사용해봤지만, 아직까지 '이것이다' 하는 방법은 찾지 못했다. '분명히 오를 것이다'라는 확신을 얻는 방법은 여전히 모르겠다. 다행히 이전까지 언급한 다양한 방법들을 시도하면서 수익이 나기는 했다. 그동안 약 3억 원 정도의 이익을 주식으로 얻었다. 괜찮은 수익이긴 하지만 가상화폐, 부동산에서만큼 큰 금액은 아니다. 그럼에도 가장 가능성 있는 투자 대상이 주식이라는 점은 분명하다. 주식은 계속해서 시도하면서, 어떻게 해야 하는지 고민하며 방법을 모색해볼 것이다.

부동산
가장 많은 시간이 필요한 투자

부동산은 어떤 매물이 오를지 확신을 가지게 되는 순간이 종종 있었다. 처음부터 잘 알게 된 것은 아니다. 시행착오를 수차례 겪어야 했다.

처음에는 오피스텔이 투자하기 괜찮을 줄 알고 시도해봤다. 수요도 많고 입지가 좋은 곳의 오피스텔은 가격이 오를 것 같았다. 그런데 오피스텔은 월세 수입을 얻는 곳이지, 가격이 오르는 곳은 아니었다. 가격이 오르긴 올랐다. 그런데 오피스텔의 가격 상승은 명목이자율 수준 정도였다. 그나마 수요가 많고 입지가 좋은 곳이라서 그 정도였다. 오피스텔은 안정적인 월세 수익을 얻고자 할 때 투자하는 상품이지, 돈을 더 많이 벌기 위해 투자하는 대상은 아니었다.

그래도 한 가지 장점은 있었다. 오피스텔 같은 부동산 투자는 이익을 보지는 못해도 손해는 없었다. 주식이나 다른 투자 상품은 가격이 떨어질 확률이 낮지 않다. 투자를 했는데 엄청난 손해를 볼 가능성이 언제나 존재한다. 하지만 부동산은 달랐다. 부동산 가격이 떨어진다고 해도, 다른 투자 상품 가격이 떨어지는 수준에 비한다면 훨씬 나은 편이었다.

그 다음에는 상가라면 큰 가격 상승을 노릴 수 있는 곳이라고 생각해 작은 상가를 분양받았다. 내가 잘 아는 지역에 유동인구나 주변 상권이 충분히 좋은 곳이었기 때문에 이곳이라면 괜찮겠다 싶었다. 하지만 상가 건물이 완공되고 가게들이 들어서면서 알게 됐다. 상가로 수익을 낸다는 것은, 특히 자기가 구입한 상가의 가격이 크게 오르는 것은 기대하면 안 되는 일이었다. 언론, 방송에서는 상가 임대료가 크게 올라서 장사하는 사람들이 굉장히 힘들어한다는 말을 많이 내보냈다. 강남, 명동, 가로수길, 홍대, 북촌 등은 상가 임대료가 몇 배나 올라서 기존에 장사하던 사람들이 더 버티지 못하고 쫓겨났다고 한다. 그런데 이렇게 상가 임대료가 오르는 곳은 서울에서도 단지 몇몇 지역일 뿐이다. 전국적으로 보아도 몇몇 지역만 상가 임대료가 올랐다. 전체적으로는 떨어지면 떨어졌지, 오르지 않았다. 상가 임대료를 올리는 것보다, 언제 가게들이 문을 닫아 임대 수입이 끊길지가 더 걱정됐다. 상가 전문가들이라면 큰 수익을 올릴 수 있을 것이다. 상가는 정말 전문적인 분야였다. 이 분야에서 몸을 담은 경험이 없는 일반 사람들이 높은 수익을 내는 건 어렵다.

그렇게 몇 번 시행착오를 겪으면서, 이것이라면 분명히 가격이 오를 것이라는 확신을 주는 것이 하나 나타났다. 서울 강남의 아파트들, 특히 재건축 아파트들이다. 강남 이외의 지역에 있는 아파트에 대해선 확신할 수 없다. 그러나 서울 강남 아파트들은 분명히 더 오를 것 같았다.

아파트 가격이 앞으로 오를지 떨어질지에 대해 다들 말이 많다. 앞으로 오르지 않을 것 같은 이유는 많다. 일단 인구, 특히 생산가능 인구가 감소되므로 집을 사는 수요가 줄어들 것이다. 수요가 줄면 가격도 떨어진다. 또 부동산을 사려면 돈이 많아야 하는데, 요즘 젊은 층의 소득으로는 서울의 아파트를 사는 것이 불가능하다. 이미 소득으로 감당할 수 없을 만큼 아파트 가격이 올라있다. 가격이 떨어져야만 거래가 이루어질 수 있다. 또한 아파트의 공급은 계속 늘고 있다. 정부는 서울 주변에 꾸준히 아파트 단지를 늘리고 있다. 공급이 늘어나니 아파트 가격도 오르지 않을 것이다. 이렇듯 아파트 가격이 더는 오르지 않을 이유들은 많다. 그러나 그럼에도 불구하고 강남 아파트의 가격은 오를 것 같다는 것이 당시 내 생각이었다.

가격이 오르느냐 내리느냐는 수요와 공급의 문제다. 강남 지역의 아파트는 항상 수요가 있다. 일반 아파트와 강남의 아파트는 다르다. 강남 아파트는 숙박, 거주 지역으로서의 의미만 갖지 않는다. 다른 지역의 아파트 수요는 감소할지 모르지만 강남 아파트의 수요는 줄지 않을 것 같다. 게다가 이 지역의 아파트 공급은 한정되어 있다.

공급은 한정된 반면 수요는 계속 있으니 강남 아파트의 가격은 계속 오르지 않을까.

이렇게 앞으로 확실히 가격이 오를 것으로 예상되는 것은 찾았다. 그런데 부동산의 문제는 '오를 때까지 계속 버틴다' 부분이었다. 카지노에서는 앞으로 나오리라 예상되는 것이 실제 나올 때까지 몇 게임만 버티면서 기다리면 된다. 주식도 아무리 오래 기다려도 1년 정도면 상승 추세로 바뀐다. 망해가는 기업이 아닌 이상 1년 내내 하락만 하는 주식은 없다. 그런데 부동산은 아니었다. 강남 아파트는 2008년 세계 금융위기 때 큰 폭으로 떨어진 다음에 8년 넘게 제자리를 맴돌았다. 반드시 오를 것이라 예상되지만 지난 8년 동안 오르지 않았다? 이건 아무리 계속 버티는 것이 중요하다고 해도 쉽게 할 수 있는 일이 아니다.

어찌됐든 강남 아파트는 오를 것이라고 믿었다. 지난 8년 동안 오르지 않았지만 그래도 언젠간 오를 것 같았다. 이전에는 자가로 보유한 주택이 없었다. 주식, 오피스텔 등 투자 상품만 생각했지, 가격이 떨어질 것으로 예상되는 집을 구입할 생각은 없었다. 하지만 강남 아파트는 분명히 오를 것 같았다. 그래서 한 채를 구입했다. 2017년도의 일이다.

2017년도 말에서 2018년도까지 서울의 아파트 가격이 폭등했다. 정말 운이 좋았다고밖에 할 수 없다. 정부의 주택 정책 때문에 지방의 아파트 가격들은 떨어진다고 했지만, 서울의 아파트 가격은 폭등했다. 그리고 그중에서도 강남 아파트들은 정말 많이 올랐다. 구입한 가격에서 50% 올랐다. 지난 8년 동안 오르지 않고 제자리였던 가격이 1~2년 사이에 그만큼 오른 것이다.

사실 50%의 수익률은 내 투자 경험에서 그렇게까지 큰 건 아니었다. 주식 중에서도 50% 오른 것은 심심치 않게 나왔다. 문제는 수익의 크기다. 주식을 천만 원어치 사서 50% 수익이 나면 500만 원이다. 그런데 부동산은 천만 원으로 살 수 없다. 전세를 끼고, 대출을 끼고 산다고 하더라도 수억 원이 필요하다. 강남 아파트는 10억 원에 구입했다. 거기에서 50%가 오르니 자산이 5억 원 증가했다. 오피스텔도 명목 이자율 등 정도는 올랐고, 결국 부동산에서 총 6억 원 이상의 자산 증식 효과를 봤다.

속으로 굉장히 놀랐다. 어떻게 이렇게 갑자기 오를 수 있을까? 그동안 꾸준히 조금씩 올랐다면 이해할 수 있다. 그런데 8년 동안 제자리걸음이었던 가격이 어떻게 1~2년 사이에 50% 올랐을까? 앞으로 오를 것이라고 생각하긴 했지만, 이렇게 단시간에 갑자기 오를 것이라고는 상상하지 못했다. 1년만 늦었어도 나는 이 매물을 살 수 없었을 것이다. 정말 운이 좋았다라는 말로밖에 설명할 수 없다.

지금도 난 강남 아파트의 가격이 더 오를 것이라고 생각한다. 문제는 그게 언제일지 예측 불가능하다는 점이다. 앞으로 10년 동안 제자리걸음을 하다가 그 후에나 오를 수도 있다. 그러면 과연 10년 동안 버틸 수 있느냐가 투자의 성공 여부를 결정한다. 10년 동안 버틴다는 것은 절대 쉬운 일이 아니다. 차라리 그동안 다른 것에 투자하는 것이 더 낫지 않을까?

부동산은 시간과의 싸움이다. 어떤 것이 오를지 판단하는 것은 상대적으로 쉬운데, 오를 때까지 기다리는 것은 힘들다. 그런 점에서 한편으로는 쉽고, 한편으로는 어려운 대상이다.

투자 총정리
카지노와 투자에서 가장 중요한 것

여기서는 나 스스로 가장 중요한 지침이라고 생각해온 것들을 말하고자 한다. 카지노에 다닐 때부터 계속 스스로 다짐했고, 현재 투자를 하는 도중에도 늘 마음에 담고 있는 지침들이다. 스스로도 100% 완벽하게 지키진 못한다. 결심과 실천은 다르다. 감정에 휘둘리지 않는 것, 손실을 보더라도 평정을 유지하는 것 등은 노력하기는 하지만 여전히 제대로 되지 않는다. 하지만 실천을 제대로 하지 못하더라도 꼭 필요한 지침들이라고 생각한다.

항상 기억해야 할 두 가지 지침

1. 99% 이상의 확률로 발생할 사건을 찾아라

가장 중요한 건, 앞으로 분명히 발생할 것으로 예상되는 일을 찾는 것이다. 예를 들어 카지노 게임에서는 앞으로 10번 이내에 99%

로 빨강, 검정, 홀수, 짝수 등이 나타난다. 이렇게 99% 이상의 확률로 미래에 반드시 나타날 것을 발견해야 한다. 물론 확률적으로 계산할 수 있는 카지노 게임과 현실 투자는 다르다. 다만, 현실 투자도 99% 확실하다고 확신이 들어야만 한다. 쉽게 발견하긴 힘들다. 주식이 총 천 종목이라면 그 중 2~3종목만 발견해도 운이 좋다. 부동산 상품도 많이 있지만, 앞으로 분명히 오른다고 확신을 가질 수 있었던 건 내 경우에 강남 아파트밖에 없었다.

80% 확신을 가질 수 있는 건 많다. 90%도 적지 않게 나온다. 하지만 99% 이상의 확신을 가질 수 있는 건 정말 드물게 나온다. 그 정도의 확신이 드는 것에만 투자를 해야 한다. 단순히 '괜찮은데? 오를 것 같다. 오르겠지'라는 생각으로 사면 곤란하다.

2. 원하는 가격이 될 때까지 기다려라

99% 오를 것이라고 생각하고 투자를 했다. 그러니 사자마자 바로 올라주면 얼마나 좋을까? 하지만 그런 일은 일어나지 않는다. 카지노에서 99% 확실한 상황에 베팅을 해도 지금 당장은 잃을 확률이 훨씬 높다. 아무리 앞으로 오를 것이라 예상된다 하더라도, 투자를 하면 일단은 떨어진다고 봐야 한다. 그다음에는 떨어진 그 가격이 유지된다. 시간이 한참 지나서 원래 산 가격이 되고, 그다음에 가격이 올라간다. 내 경우에는 대부분 그랬다.

투자에서 중요한 건 투자 상품을 선택하는 일 자체가 아니다. 앞으로 오르리라고 예상되는 것을 정확히 알아낸다고 하더라도 그 자체로는 아무런 수익을 얻지 못한다. 오를 때까지 계속 갖고 있어야 수익이 난다. 중간에 떨어지더라도, 처음의 분석이 유효하다면 그대로 갖고 있어야 한다.

기다려야 하는 시간은 투자에 따라 다르다. 주식을 할 때 10% 정도 분명히 오를 것으로 예상했다면 몇 달 정도 기다려야 한다. 2배 이상을 예상했다면 2~3년을 각오해야 한다. 부동산은 10년 이상도 봐야 한다. 운이 좋으면 그 전에 오를 수도 있다. 하지만 오를 때까지 시간이 걸린다는 건 분명하다.

기본적인 지침은 위의 두 가지이다. 분명히 오를 것이라고 예상되는 것을 발견하기, 그리고 정말로 오를 때까지 기다리기. 그런데 이를 실천하는 것이 쉽지 않다. 인간은 이성의 동물이라기보다 감정의 동물이다. 그래서 이성을 통제하는 것보다 감정을 통제하는 것이 더 중요하다. 무엇이 오를까 이성적으로 분석하고 조사하기보다, 투자의 과정에서 어떤 혼란스런 감정을 겪고 어떤 실수를 저지를 것인지 미리 예상해 대비하는 것이 훨씬 중요하다.

투자에서 조심해야 할 감정적인 사항들

1. 투자는 99%의 확신이 들 때에만 해야 한다

카지노에서 베팅이란 99%의 확신이 생기는 순간에만 한 번씩 하는 것이다. 즐기는 것이 목적이라면 매번 베팅하겠지만 돈을 버는 것이 목적이라면 99%의 확신을 가질 때만 베팅을 해야 한다. 그런 일은 절대 자주 나타나지 않는다. 어쩌다 한 번 발생할 뿐이다. 베팅을 하지 않는 순간에는 카지노를 배회하며 지켜만 보면 된다.

주식, 부동산 투자도 마찬가지다. 99% 확신이 들 때, 그 때 한 번 구매해야 한다. 돈이 있을 때는 뭔가를 사야 한다는 압박감을 가지기 쉽다. 그래서 99% 확신이 있을 때 사는 것이 아니라, 돈이 있으면 곧바로 산다. 주식 시장이 계속 움직이는데 돈을 갖고 있으면서 바라보기만 하는 걸 힘들어 한다. 99%까지의 확신 없이 '분명히 오를 것 같다', '내릴 것 같다'는 생각만으로 사고팔고를 반복한다. 부동산의 경우에도 99% 오를 것이라는 확신이 들 때 사는 것이 아니라, 자신의 자금 사정에 비추어봤을 때 가장 괜찮아 보이는 것을 산다. 좋은 기회에 한 번 투자하는 것이 아니라, 사고파는 행위 자체를 즐긴다.

돈이 있는데도 계속 타이밍을 기다리는 건 어려운 일이다. 그럼에도 투자란 그렇게 해야 한다.

2. 투자에서는 대부분 진다는 사실을 기억하라

카지노의 게이머는 승리보다 패배를 더 자주 한다. 때로는 승리 횟수가 더 많을 수 있지만, 오랜 기간 카지노 게임을 하면 필연적으로 패배가 더 잦을 수밖에 없다. 하지만 수익은 승패의 수와 관련 없다. 질 때 적은 금액을 잃고, 이길 때 많은 금액을 따면 돈을 벌 수 있다.

투자도 돈을 벌기 위해 하는 것이지, 이기기 위해 하는 것이 아니다. 투자에서도 이기는 경우보다 지는 경우가 더 많다. 오르는 경우보다 내려가는 경우가 더 많다. 하지만 여섯 달 동안 내려가다가 한 달 동안만 올라도 괜찮은 것이 바로 투자다. 그 한 달 동안 폭등하면 그동안의 모든 손실을 메꾸고도 수익이 날 수 있다.

투자자는 이익을 내려고 해야지, 이기려고 하면 안 된다. 투자자는 잃는 상황에 익숙해져야 한다. 자신이 계속 질 것이라는 사실을 인정하자.

3. 공부를 계속하면서 자기만의 기준을 만들라

99%의 확신을 가지는 상품에 투자를 해야 한다. 그런데 어떻게 해야 99%의 확신을 가질 수 있을까? 공부 이외의 방법은 없다. 계속 자료를 찾고, 시장을 조사하고, 또 새로운 방법을 찾아야 한다. 투자의 대가가 자신의 비법을 알려준다고 그 방법에 99%의 확신이

생기나? 세계 최고의 투자자인 워렌 버핏, 그 이외의 많은 투자 전문가들이 자신만의 투자법을 공개했다. 하지만 사람들은 그 투자법들을 그대로 따르지 않는다. 아무리 워렌 버핏이 한 방법이어도 본인은 99%의 확신을 가질 수 없기 때문이다.

'이것 괜찮다', '이것 오를 것 같다' 정도로 80~90% 확신을 갖는 건 조금만 공부해도 가능하다. 저 PER주, 저 PBR주를 검토하고, 차트의 모양을 보면서 오를 것 같은 주식을 얼마든지 발견할 수 있다. 그 정도의 주식은 널려 있다. 그러나 그 정도의 공부로 99% 확신은 가질 수 없다.

어떤 기준에 의해 99%를 확신하는가는 자신의 지식 수준에 따라 달라진다. 공부를 계속할수록 기준은 점점 엄격해진다. 계속 공부하며 자기만의 기준을 만들어야 한다.

4. 내가 잘난 사람이 아니라는 것을 기억하라

내가 투자로 돈을 벌었다고 해서 잘난 사람이 되는 건 아니다. 다른 분야에서도 교만하지 말라고 말하지만, 투자의 세계에서 이런 생각은 치명적이다. 투자를 통해 돈을 벌려면 시장이 주이고 자신은 어디까지나 시장을 따라가는 종적인 존재여야 한다. 내가 잘났다고 생각하는 순간 나는 종이 아니라 주인이 된다. 내가 주인이 되면 절대 시장에서 수익을 얻을 수 없다. 주인이 되어 아무리 호령을 해본들, 시장은 결코 당신의 말을 따라주지 않는다. 투자를 하는 동안에는 나는 어디까지나 시장을 따라가는 종이라고 생각해야 한다.

5. 빌린 돈으로 하는 투자는 안 된다

투자는 자신의 돈으로 해야 한다. 그 중에서도 여유 자금으로 해야 한다. 빌린 돈으로 투자하거나 미수거래를 하면 안 된다. 수익 시점을 알 수 없기 때문이다. 수익이 언제 날지 알 수 없지만, 빌린 돈을 갚아야 하는 날짜는 정해져 있다. 그러면 반드시 사달이 난다. 빌린 돈이라고 하더라도 언제 갚을지 기약이 없는 돈, 몇 년 동안 갚지 않아도 되는 돈이라면 상관없다. 또한 자신의 돈이더라도 가까운 시일 안에 쓸 것이 정해진 돈은 안 된다. 투자는 언제 수익이 발생할지 알 수 없다. 그때까지는 손실뿐이다. 언제 발생할지 모르는 수익이 생길 때까지 버틸 수 있는 돈만으로 투자해야 한다.

6. 치명적인 실패를 피하라

주식은 오르거나 내리거나 둘 중 하나다. 부동산도 마찬가지다. 가격 변동은 그리 크지 않다. 대부분 큰 이익이 나지도 않고 큰 손실이 나지도 않는다. 그러다가 가끔 한 번 크게 오르고 가끔 한 번 크게 내린다. 투자에서 큰 수익은 이렇게 가끔 한 번씩 찾아온다. 문제는 크게 내려가는 경우다.

투자에서 가장 중요한 것은 가끔 한 번 오르는 것을 찾는 것이 아니다. 가끔 한 번 크게 내려가는 것을 피하는 것이다. 투자는 가끔 한 번 폭락하는 사태만 피하면 된다. 그러면 큰 수익은 나지 않더라도 소소한 이익은 볼 수 있다.

그런데 간혹 한 번씩 일어나는 폭락을 피하기 위해서도 상당한 노력이 필요하다. 우리는 언제 일어날지 모르는 교통사고를 예방하기 위해 평소에 신호등을 지키고, 횡단보도에서만 길을 건너고, 육교로 돌아가고, 속도 제한을 지키고, 차선을 지킨다. 이 모든 생활 습관들과 노력은 모두 언제 일어날지 모를 한 번의 사고를 피하기 위해서다.

투자도 마찬가지다. 이따금 찾아오는 폭락을 피하려면 계속해서 시장 전체를 점검하고 조심해야 한다. 좋은 주식을 샀으니 그냥 묻어두기만 하면 된다고 생각해선 안 된다.

7. 파산만은 피하라

여기에서 파산은 정말 법원에서 파산 선고를 당하는 것이 아니라, 투자금을 모두 날리는 것을 말한다. 잃더라도 자기가 가진 모든 돈을 잃어서는 안 된다. 항상 일정 부분의 돈은 남겨두어야 한다. 사실 투자에서 웬만하면 파산을 당하지 않는다. 대체로 미수로 빌려서 주식을 샀는데 폭락한 경우, 보유한 주식이 거래정지에 상장폐지된 경우, 부동산에서 사기 당한 경우에 파산을 한다. 가장 많은 것이 첫 번째다. 대부분은 빌린 돈으로 투자를 하다 잃고 파산한다.

이 경우 파산이라 해봐야 실제의 파산과는 다르니 지나치게 절망하거나 좌절할 필요까지는 없다. 기껏해야 투자할 돈이 모두 사라졌을 뿐이다. 나중에 다시 돈을 모으면 또 투자할 수도 있다. 그러나 사실은 실제 파산보다 투자에서의 판단이 더욱 큰 문제일 수도 있다. 투자금을 모두 날리는 파산은 평소 투자 방법이나 습관에 큰 문제가 있다는 것을 말해주기 때문이다.

원칙대로만 하면 투자에서 파산을 할 수 없다. 투자 원칙은 돈을 벌지는 못하더라도 최소한 망하지는 않게 한다. 투자에서 파산했다는 것은 그 기본적인 원칙도 지키지 않았다는 의미다. 빌린 돈으로 하지 않기, 여유 자금은 항상 두기, 큰 위험에서는 미리 빠져나오기, 몇몇 종목에 분산투자 하기 등등 일반적인 투자 원칙만 지키면 최소한 파산은 하지 않는다. 일단 파산을 하지 않겠다는 투자 습관을 갖추고 투자를 해야 한다. 수익을 얻지 못하는 경우는 충분히 있을 수 있지만, 투자를 하다가 파산을 당하면 안 된다.

8. 감정에 휘둘리지 않기

투자는 이성적인 게임이다. 어떤 것이 오를지 찾고, 실제 가격이 오르면 파는 것, 그것이 투자다. 여기에 감정은 개입할 여지가 없다.

하지만 '어떤 것이 오를지 찾아 구입하고 오르면 파는 것'을 어렵게 하는 것이 감정이다.

오르면 기쁘고 내리면 속상하다. 폭등을 하면 날아갈 것 같고, 폭락을 하면 숨고만 싶다. 가격이 움직이지 않고 계속 이어지면 초조하다. 다른 주식은 오르는데 내 주식만 그대로면 뒤처진 것 같다. 그리고 내 주식이 다른 주식들보다 더 많이 오르면 내가 다른 사람보다 잘난 사람인 것 같다.

감정이 감정으로만 남아주면 좋은데, 절대 감정은 감정으로만 남지 않는다. 우리들의 행동을 결정하는 것은 이성이 아니라 감정이다. 주식이 올라갈 것 같으면 사고, 내려갈 것 같으면 팔아야 한다. 그런데 주식에서 큰돈을 벌어서 기분이 좋으면 그 기분에 취해 다른 주식을 산다. 주식이 내려갈 것 같으면 팔아야 하는데, 절망에 빠지면 판다. 다른 사람들이 사면 나도 따라해야 할 것 같아서 사고, 다른 사람들이 팔면 덩달아 판다. 이성적인 판단에 의해 투자하는 것이 아니라, 감정에 따라, 군중 심리에 따라 투자를 한다.

물론 사람들은 다른 사람들이 파니까 나도 파는 것이라고 생각하지 않는다. 다른 사람들이 팔 때 '이 주식은 더 떨어지겠군' 생각하며 판다. 본인은 이성적인 판단이라고 생각할지 모르지만, 실질적으로는 군중 심리의 감정을 합리화하는 판단일 뿐이다.

감정적 동물인 사람이 감정의 움직임에서 벗어나는 것은 쉽지 않다. 하지만 투자는 감정의 게임이 아니라 이성의 게임이다. 감정적 측면은 최대한 배제해야 한다. 그게 안 되면 투자 세계에 들어오면 안 된다. 감정적인 사람은 시, 소설, 극본을 써야 하고, 이성적인 사람은 칼럼, 논문을 써야 한다. 그렇게 자기 분야에 맞는 것이 있다. 감정이 더 우수한 사람은 투자보다 다른 방향을 찾아야 한다.

오랜만의
강원랜드

이 책을 쓰면서 오랜만에 강원랜드에 다녀왔다. 강원랜드 카지노에 대해서 이런저런 말을 늘어놓으면서 막상 현재의 강원랜드가 어떤지 모르는 건 말이 안 되는 것 같았다.

강원랜드는 여전했다. 여전히 사람들이 북적북적해서 테이블 게임에는 자리가 없었다. 새벽 1~2시가 되어도 앉을 수 있는 자리가 하나도 없어 테이블에 앉아 있는 사람들 뒤에서 스탠딩 베팅을 해야 했다. 룰렛도 베팅하는 사람이 많아 딜러들이 베팅한 칩들을 정리하는 데만 오랜 시간이 걸렸다. 1시간 정도 룰렛 테이블을 지켜보아도 룰렛 공 굴러가는 것은 세 번 정도밖에 볼 수가 없었다.

이전과 달라진 것도 많았다. 이전에는 없던 게임들이 새로 생겼다. '카지노 워'라는 게임인데, 딜러와 게이머들이 트럼프 카드를 한 장씩 받고, 누가 더 높은 숫자를 갖고 있는지 가리는 게임이다. 지나치게 단순하다는 게 흠일 정도로, 카지노 게임 룰을 익히기 어려워하는 사람들이 접근하기 좋은 게임이었다.

전자 카지노도 도입됐다. 전자식 테이블 룰렛, 전자식 다이사이가 생겼다. 전자 테이블에 앉아서 다른 사람의 눈치를 보지 않고 베팅할 수 있다. 이전에 라스베이거스 등에 갔을 때 봤던 것인데, 한국 강원랜드에도 도입됐다. 나는 전자 테이블은 하지 않는다. 전자 테이블의 가장 커다란 문제는 베팅 간격이 굉장히 짧다는 점이다. 한 게임이 끝나면 단지 40초의 시간만 주어진다. 그 사이에 베팅할 것인지 말 것인지, 어디에 베팅할지, 또 얼마를 베팅할지 결정하고 베팅 금액을 눌러야 한다. 40초가 지나면 바로 룰렛, 주사위가 굴러가고 게임 결과가 나온다. 워낙 게임 간격이 짧기 때문에 생각하고 고민할 시간이 없다. 아무 생각 없이 기계적으로 베팅 액수를 눌러야 한다. 이렇게 기계적으로 게임을 하면 돈을 버는 건 어렵다. 빠르게 게임을 할 수 있다는 점이야 좋을지 몰라도, 고민하면서 게임을 하는 것은 불가능하다.

베팅 한도도 달라졌다. 대카지노가 생겼을 땐 거의 대부분의 테이블 베팅 한도가 10만 원이었고, 30만 원은 소수였다. 30만 원 베팅 한도는 개개인 한도가 아니라 테이블 한 자리당 베팅 한도였다. 앉아 있는 사람이 20만 원 베팅을 하면 뒤에서 스탠딩 베팅을 하는 사람은 10만 원까지만 할 수 있었다. 하지만 지금은 베팅 한도 30만 원 테이블이 증가했다. 하긴 10만 원 베팅 한도를 엄격히 지킨 것은 이미 15년도 더 지난 일이다. 그 사이의 물가 상승률, 소득 증가 등을 고려하면 10만 원 베팅 한도를 계속해서 엄격히 유지할 필요가 없었을 것이다.

오랜만에 다시 찾은 카지노를 돌아다니면서, 괜찮겠다 싶을 때에 베팅을 시작했다. 두 시간 반 정도 카지노에 있었고 그 사이 50만 원을 땄다. 처음 한 시간 동안에는 30만 원을 잃었다가, 그 후 만회를 해서 플러스 50만 원이 됐다.

이렇게 카지노를 다시 돌아다니며 또 한 번 느꼈다. 베팅 한도가 10만 원으로 줄면서 나는 강원랜드 카지노에 더 이상 가지 않았다. 하지만 베팅 한도 변경이 없었더라도 계속 카지노를 찾았을 것 같진 않다. 그 당시에는 카지노 베팅이 나에게 맞았다. 하지만 지금은 아니다.

이전에는 첫 베팅을 주로 1~2만 원으로 시작했다. 그 판에서 이기면 1~2만 원을 벌었다. 그런데 이번에는 5만 원, 10만 원으로 시작했다. 단지 1~2만 원을 벌기 위해 게임을 하고 싶지 않았다. 잃을 위험이 높다는 건 알고 있지만, 그래도 5만~10만 원 베팅을 했다. 다행히 수익이 났다.

2시간 정도 게임해서 20~30만 원 벌기 위해 가슴 졸이며 베팅하고 싶진 않았다. 좀 더 높은 수익을 바랐다. 하지만 카지노에서 그 이상의 수익을 얻는 것은 어렵다. 베팅 한도 10~30만 원에서는 수익이 제한된다. 더 높은 수익을 얻으려면 강원랜드는 적절한 장소가 아니다.

강원랜드를 떠나 서울로 돌아오다가 당일의 주식 가격을 확인했다. 보유하고 있는 주식이 올라서 500만 원 이상의 수익이 발생했다. 500만 원이 실제 수익은 아니다. 이 주식을 팔기 전까지 계속해서 하루에도 수백만 원씩 올랐다가 내려간다. 이런 상태에서 카지노의 수십만 원 유동이 큰 관심거리가 될 수 없다. 자신의 자본 사정이나 상태에 따라 투자 대상이나 투자 방법은 바뀌어야 하는 것이다. 옛날 학생 시절에는 카지노가 나에게 맞는 투자 대상이었던 것 같다. 하지만 지금은 아니다. 현재는 카지노에서 원하는 수익을 얻기 힘들다.

요즘 들어 투자에서도 비슷한 한계를 느낀다. 지금까지 내 투자 방법을 통해 20억 원까지 왔다. 그런데 이 방법으로 50억, 100억 원 버는 게 가능할까? 투자 대상이나 방법이 달라져야 하는 것은 아닐까? 앞으로 어떻게 해야 100억 원을 만들 수 있을까? 그래서 큰돈을 벌었다는 사람들의 책을 계속해서 읽고 있다. 나이도 쌓이고 경험도 높아지고 돈도 조금은 벌었지만, 공부할 것은 여전히 많다.

지금의 방법만으로는 앞으로 더 나아가는 것에 한계가 있다. 뭔가 달라져야 한다. 하지만 그 전에 지금까지의 방법을 정리하기 위해 이 책을 썼다. 새로운 방법을 찾고, 그 방법으로 50억, 100억 원 등 더 나은 실적이 만들어지면 그 때 새로운 이야기를 쓸 수 있을 것이다. 앞으로 또 다른 투자 방식에 관한 책을 쓸 수 있게 되길 바란다.

부록

_

카지노를
이해하다

카지노 게임 룰

🎲 다이사이

직관적으로 규칙을 쉽게 이해할 수 있고, 大와 小만으로 게임을
할 경우 거의 50%에 가까운 승률을 체험할 수 있는 게임이다.

이 게임은 주사위 3개를 동시에 던져서 나온 눈금을 기준으로 한
다. 대부분은 주사위 눈금의 합을 기준으로 게임을 한다. 주사위 3
개를 던질 때 눈금의 합은 최소 3(1, 1, 1인 경우)에서 18(6, 6, 6)까지다.
4~17까지 숫자가 적힌 가운데 줄은 이 눈금의 합을 정확히 맞추면

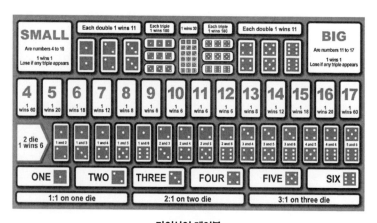

다이사이 테이블
50%에 가까운 승률을 체험할 수 있다

돈을 준다. 제일 아랫줄에는 1, 2, 3, 4, 5, 6이 주사위 모양으로 그려져 있는데, 이건 주사위 3개를 던졌을 때 각각의 주사위 눈금 중에서 여기에 해당하는 숫자가 있으면 된다.

무엇보다 가장 간단한 것은 제일 위, 大와 小라고 (삽입된 그림에는 BIG과 SMALL로 표기되어있다.) 크게 써져 있는 부분이다. 주사위 3개를 던졌을 때 나온 눈금의 합이 4~10이면 小이고, 11~17이면 大이다. 小에 베팅을 했는데 주사위 눈금의 합이 4~10이면 이겨서 돈을 따는 것이고, 大에 베팅을 하면 합계가 11~17일 때 돈을 딴다. 거의 50% 확률이며, 만 원을 걸어서 이기면 만 원을 벌고, 지면 만 원을 잃는다. 그리고 1-1-1, 2-2-2, 3-3-3, 4-4-4, 5-5-5, 6-6-6 과 같이 세 주사위의 눈금이 똑같이 나오면 大든 小든 카지노 측이 모두 쓸어간다. 주사위 6개를 던져 나오는 총 216개 경우의 수 중에서 이렇게 카지노가 모두 쓸어가는 6가지 경우의 수가 있기 때문에 다이사이 大, 小 게임의 확률은 정확히 말해 48.61%다.

⊞ 룰렛

룰렛은 가장 대표적인 카지노 게임이다. 지금은 사람들이 바카라, 블랙잭 등의 게임을 더 많이 하지만 그래도 룰렛은 여전히 카지노 게임의 상징이다. 영화든 광고든 '여기가 카지노다'라는 것을 보여주는 장면도 대부분 룰렛에서 공이 굴러가는 모습이다.

룰렛은 1~36, 0, 00의 숫자를 맞히는 게임이다. 유럽식은 1~36, 0, 합해서 37개가 있는 것이 원칙이고, 미국식은 1~36, 0, 00의 38개가 있는 것이 원칙이다. 마카오, 필리핀 등의 카지노는 미국식을 받아들이고 있어서 지금은 0, 00이 같이 있는 것이 대세다.

0만 있는지, 0, 00이 같이 있는지의 차이는 경우의 수가 37개인가 38개인가의 차이다. 37개나 38개나 별 상관없지 않느냐 하면 곤란하다. 카지노에서 1/37과 1/38은 엄청난 차이다. 카지노는 0이나 00이 나왔을 때 다른 데 베팅한 모든 돈을 다 갖고 간다. 이것이 카지노의 커미션이다. 0만 있을 때에 비해 00도 있을 때는 카지노의 커미션이 2배가 된다. 게이머가 지출하는 커미션비가 2배가 된다는 뜻이다. 가능하면 0만 있는 유럽식만 해야 하지만, 강원랜드 등 대부분 카지노는 모두 미국식이기 때문에 어쩔 수 없는 부분이다.

룰렛은 크게 두 가지 게임 방식이 있다. 인사이드 게임과 아웃사이드 게임이다. 인사이드 게임은 1~36, 0, 00 중에서 어떤 숫자가 나오느냐를 맞히는 게임이다. 38가지 중에서 한 개를 맞히는 것은 굉장히 어려워 보이지만, 이 안에서도 여러 가지 베팅 방법이 있다. 예를 들어 경계선에 베팅을 하면 두 개의 숫자, 3개의 숫자, 4개 숫자, 6개 숫자에 한꺼번에 베팅할 수 있다.

룰렛에서는 게이머가 어느 한군데만 베팅하지 않고 여러 군데에 나눠서 베팅한다. 예를 들어, 3, 12, 17, 22, 27, 31 식으로 나누어 베

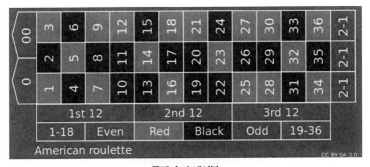

룰렛 숫자 테이블
숫자뿐 아니라 경계선에도 베팅할 수 있다

팅한다. 여러 숫자에 베팅해서 한군데만 공이 떨어져도 이익이 되기 때문에, 의외로 당첨이 자주 된다.

룰렛에서의 전략은 보통 세 가지다. 첫 번째는 룰렛 숫자판을 3군데 정도로 나눈다. 룰렛은 랜덤하게 결과가 나오지만, 정확히 평등하게 나오는 것은 아니다. 이 세 군데 중에서 한 곳은 더 자주 나오고 다른 곳은 덜 나오곤 한다. 더 자주 나오는 곳을 중심으로 더 많이 베팅을 하거나, 지금까지 잘 안 나온 부분이 이번에는 나올 것으로 예측을 하고 베팅을 한다. 룰렛에서는 천 원짜리 칩으로 마음대로 베팅해도 되니까 중점적으로 베팅하려는 부분을 중심으로 칩의 산을 쌓으면서 베팅을 한다.

두 번째는 룰렛판을 중심으로 자주 나온 곳과 안 나온 곳을 구분하는 방식이다. 사람들은 보통 룰렛 숫자판을 보지만, 사실 룰렛에서 중요한 것은 숫자판이 아니라 룰렛판 자체다. 룰렛에서 4, 23,

35, 14 등이 나왔다면 숫자만 보면 무작위로 나오는 것 같다. 그런데 룰렛판을 보면 어느 한 부분에 집중적으로 떨어지고 있다는 것을 알게 된다. 이렇게 룰렛판을 중심으로 자주 나오고 있는 곳을 파악하고, 그 곳을 중심으로 베팅한다.

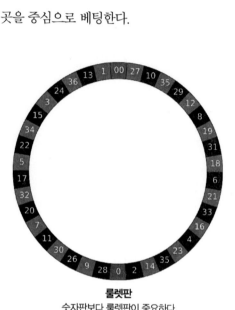

룰렛판
숫자판보다 룰렛판이 중요하다

이 전략이 숫자 테이블 판만 보고 하는 것보다 훨씬 낫다. 그런데 이렇게 하려면 룰렛판을 거의 외우고 있어야 한다. 룰렛판을 외우지 못하면 그때그때마다 숫자를 하나씩 확인하고 추세를 확인하고 또 베팅해야 할 숫자를 찾아야 한다. 긴박하게 돌아가는 룰렛판에서 그런 식으로 숫자를 찾아가면서 하면 늦다. 무엇보다 추세가 바뀔 때 바로 따라가지 못한다.

세 번째는 딜러가 공을 굴리는 순간, 어디에서 출발하여 어디쯤에서 주로 떨어지는가를 추정한다. 딜러가 공을 굴리는 힘은 거의 일정하다. 딜러가 3의 위치에서 공을 굴리기 시작했는데, 그때 23의 위치에 떨어졌다면 이 딜러는 돌린 곳에서 반대 위치에 공을 떨어뜨리는 경향이 있다고 추정할 수 있다. 그 뒤 딜러가 22의 위치에서 공을 굴렸다면 22의 반대에 있는 18, 6, 21, 33 등에 베팅을 한다. 공을 굴리는 딜러가 변경되면 그 바뀐 딜러에 맞춰서 새로운 추세를 파악하고 베팅을 한다. 이것도 룰렛판을 다 외워야 할 수 있다. 딜러가 돌리는 순간 룰렛판 그림을 보고 숫자를 찾으려고 하면 늦다.

이런 인사이드 베팅 말고 아웃사이드 베팅도 있다. 아웃사이드 베팅은 룰렛 숫자판의 바깥쪽에 베팅을 하는 것이다. 大小, 홀짝, 빨강-검정이 대표적이다. 그리고 1~12, 13~24, 25~36의 베팅이 있고, 0, 00에도 베팅할 수 있다.

♠ 블랙잭 게임

블랙잭은 룰렛과 더불어 가장 유명한 카지노 게임이다. 트럼프 카드를 가지고 숫자 21에 누가 가까운가를 딜러와 게이머들이 다투는 게임이다.

먼저 딜러와 게이머들이 2장의 카드를 나눠 갖는다. 게이머는 두 장을 모두 펴고, 딜러는 한 장은 펴고 나머지 한 장은 가린다. 이 상태에서 게이머는 자기가 원할 때까지 카드를 더 받을 수 있다. 카드의 합이 21에 가까울수록 유리하니, 되도록 21에 가깝게 카드를 받으려 한다. 그런데 만약 카드 숫자의 합이 21을 초과해서 22 이상의 숫자가 나오면 그냥 죽는다. 게이머는 숫자의 합이 21을 넘지 않도록 카드를 더 받을지 아닐지를 결정해야 한다.

고려해야 할 것은 다음에 나올 카드가 무엇이냐 예측하는 것과 딜러의 카드이다. 딜러는 자기 숫자의 합이 17~21이 될 때까지 무조건 카드를 추가로 받아야 한다. 카드 합이 15일 때, 게이머는 카드를 받을지 안 받을지 선택할 수 있다. 하지만 딜러는 아직 17이 아니므로 무조건 한 장을 더 받는다. 한 장을 더 받아서 22가 넘어서면 딜러가 죽는다.

딜러의 열려 있는 카드 한 장이 10이면 딜러의 카드가 21에 가까울 가능성이 높다. 하지만 딜러의 카드가 3이나 4 등 낮은 숫자라면 17이 안 돼서 계속 카드를 받다가 22가 넘을 가능성이 높아진다. 딜러의 카드와 자기 카드를 비교하면서 21에 더 가깝게 숫자를 만들도록 노력하는 것이 블랙잭 게임이다.

블랙잭이 인기가 많은 이유는 카지노 게임 중에서 블랙잭만이 게이머가 스스로 게임을 통제할 수 있는 게임이기 때문이다. 룰렛에서 승패는 오로지 구슬이 어디에 떨어지느냐에 달려 있다. 내가 베팅을 하고 그 결과를 기다릴 뿐이지, 내가 어떻게 할 수 있는 것은 없다. 바카라, 다이사이, 빅휠, 슬롯머신 등 모든 게임이 마찬가지다. 오로지 운으로 결과가 결정되고 나는 바라보고 있어야만 한다.

하지만 블랙잭은 내가 어떻게 하느냐에 따라 결과가 달라진다. 내가 이번에 카드를 한 장 더 받느냐 아니냐라는 결정에 따라 나의 숫자가 달라지고 승패가 달라진다. 그래서 단순히 운에 따라 게임을 하는 것은 바라지 않고, 스스로 게임 전략을 사용하려는 사람들이 블랙잭을 한다.

블랙잭에는 Basic Strategy라는 것이 있다. Basic Strategy는 딜러의 숫자와 나의 숫자를 보고, 카드를 더 받아야 하는지 말아야 하는지에 대한 기본적인 지침이다. 딜러의 숫자가 9이고 나의 숫자 합이 13일 때 카드를 받아야 할지 말지 등 모든 경우에 어떤 결정이 유리한지를 표시한다. 이 Basic Strategy에 따라 블랙잭을 한다고 해서 이길 수 있는 것은 아니다. 하지만 카지노에 비해 불리하지는 않게 한다. 이 기본 전략을 알고 있으면 카지노와 5:5의 싸움을 할 수 있다. 실제 게임에서는 이 기본 전략을 바탕으로 게임 분위기, 남아 있는 카드의 수 등등의 변수를 고려해서 기본 전략에 좀 변형을 줄 수 있다. 그렇게 기본 전략을 바탕으로 적용을 잘하면 승리 확률이 높아진다.

그런데 이 블랙잭 게임의 장점은 반대로 단점이 되기도 한다. 블랙잭 게임은 기본 전략을 알고 기본 전략대로 게임을 하면 카지노와 5:5의 게임을 할 수 있다. 기본 전략을 바탕으로 그때그때 전략에 변형을 주면 카지노보다 유리하게 게임을 끌어갈 수도 있다. 그런데 기본 전략조차 제대로 알지 못하고 그냥 마음 가는 대로 게임을 하면 오히려 게이머가 불리하다.

블랙잭 게임에서 더 중요한 문제는 블랙잭은 다른 게이머의 결정에 따라 영향을 받는다는 점이다. 블랙잭은 게이머 한 사람씩 카드를 더 받을지 말지를 결정하게 한다. 그리고 게임을 받겠다고 할 때마다 딜러는 트럼프 카드를 한 장씩 빼서 그 게이머에게 준다. 내 앞에 있는 게이머가 카드를 더 받겠다고 하면 제일 위에 있는 카드가 앞 게이머에게 간다. 그러면 나는 그 아래에 있는 카드를 받게 된다. 다른 게이머의 의사결정에 따라 내가 받는 카드가 달라진다. 또 게이머가 카드를 받겠다고 하느냐 아니냐에 따라 마지막으로 딜러가 받는 카드도 달라진다. 블랙잭은 나 혼자 잘해서 되는 게임이 아니다. 게이머들 각자가 다 어떤 결정을 하느냐에 따라 최종적인 결과가 달라진다.

블랙잭에서 21이 가까운 사람이 이긴다고 했지만, 사실 블랙잭 게임을 할 때 게이머들의 목적은 자기 카드를 21에 가깝게 만드는 것이 아니다. 블랙잭의 묘미는 게이머들이 힘을 합쳐 딜러의 카드가 21을 넘게 만드는 것이다. 딜러가 22 이상이 나오면 딜러는 무조건 죽는다. 그러면 게이머들의 카드가 무엇이든 관계없이 모두 이긴다. 그래서 블랙잭은 게이머들이 힘을 합쳐 딜러의 숫자가 21을 넘게 만들어야 한다. 이번에 나올 숫자가 10이나 왕 카드일 가능성이 높다면 될 수 있으면 게이머들은 모두 카드를 받지 않고 그 카드를 딜러가 받도록 해야 한다.

♠ 바카라 게임

최근 카지노 테이블 게임 중에서 가장 많은 것은 바카라다. 마카오 카지노는 바카라가 대부분이고, 라스베이거스 카지노는 이전에는 블랙잭이 많고 바카라는 거의 없었지만 최근에 바카라가 점점 늘고 있다. 라스베이거스에 중국 관광객이 늘면서 중국인들이 좋아하는 바카라 테이블도 늘어났다.

바카라는 플레이어와 뱅커 두 팀으로 나누고, 각각 받은 2~3장 카드 숫자 합의 마지막 자릿수가 9에 가까운 팀이 이기는 게임이다.

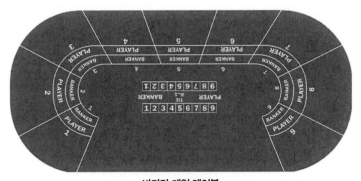

바카라 게임 테이블
바카라는 카지노 게임의 왕이라고 불린다

결과적으로 0~9까지만 나오는 셈이다. 에이스는 1로, J, Q, K는 10으로 계산한다.

게이머는 플레이어나 뱅커 둘 중 하나에 베팅을 한다. 예를 들어 게이머가 플레이어에 베팅했는데 게임 결과 플레이어 숫자가 뱅커보다 더 높으면 게이머가 이기고, 뱅커보다 낮으면 진다.

사람들이 바카라 게임을 좋아하는 이유는 게임 자체가 굉장히 쉽고 빠르게 진행되기 때문이다. 블랙잭의 경우 5명이 게임을 하면 최소한 10장, 보통 15장 이상의 카드를 열어야 하는데, 바카라는 몇 명이 게임을 하든 단지 4~6장의 카드만 열면 된다. 또 블랙잭처럼 생각하고 전략을 짤 필요도 없다. 그냥 모든 것을 운에 맡기고 카드의 숫자에 의해서만 승패가 갈린다.

바카라는 카지노 50, 게이머 50의 게임이다. 카지노의 모든 게임 중에서 이렇게 게이머와 카지노의 승률이 똑같은 게임은 바카라 말고는 없다. 룰렛의 빨강-검정 게임, 대소, 홀짝 게임에서 게이머의 승률은 47.37%이다. 2.63% 정도 카지노에게 유리하다. 다이사이의 대소, 홀짝 게임도 게이머의 승률은 48.61%로 1.39% 정도 카지노가 유리하다. 블랙잭도 카지노에게 2% 정도 유리하다. 그런데 바카라는 아니다. 정말로 카지노와 게이머의 승률이 50:50이다. 1~2%가 중요한 카지노에서 바카라는 다른 어떤 게임보다 게이머에게 유리한 게임이라고 할 수 있다.

마틴게일 베팅법

마틴게일 베팅법은 오래전부터 내려오는 카지노 베팅 방법이다. 이전에 베팅한 금액의 2배를 계속해서 베팅하는 방법이다.

회차	베팅액	졌을 때 총 손실액	이겼을 때 수익액
1회	1		1
2회	2	3	1
3회	4	7	1
4회	8	15	1
5회	16	31	1
6회	32	63	1
7회	64	127	1
8회	128	255	1
9회	256	511	1
10회	512	1023	1
11회	1024	2047	1

마틴게일 베팅 시스템

마틴게일 베팅법의 문제 중 하나는 몇 번을 베팅하든 단지 처음 베팅한 1에 해당하는 금액만 벌 수 있다는 점이다. 처음 수익이 나든, 5번째에 수익이 나든, 10번째에 수익이 나든 모두 1의 수익만 있다. 끝까지 원하는 숫자가 나오지 않으면 엄청난 손해가 나는데 비해 너무 수익이 적다.

그래서 마틴게일 변형법이 나왔다. 마틴게일 변형법에서는 만원-2만 원-4만 원-8만 원이 아니라 만 원-3만 원-7만 원-15만 원식으로 베팅을 한다. 처음에 만 원을 小에 베팅해서 잃고, 그다음에 小에 3만 원을 베팅한다. 이때 小가 나오면 3만 원을 벌게 되는데, 아까 만 원을 잃었으니 2만 원의 순수익이다. 두 번째 게임에서 小가 나오면 2만 원을 번다. 마찬가지로 세 번째 게임에서 小가 나오면 3만 원을 번다. 마틴게일 베팅법에서는 小가 언제 나오든 관계없이 항상 만 원만 벌 수 있다. 하지만 마틴게일 변형법에서는 게임수에 따라 수익이 증가한다. 小가 늦게 나오면 늦게 나오는 만큼 수익이 증가한다.

회차	베팅액	이겼을 때의 배당액	졌을 때 총 손실액	이겼을 때의 실제 수익액
1회	1	2	1	1
2회	3	6	4	2
3회	7	14	11	3
4회	15	30	26	4
5회	31	62	57	5
6회	63	126	120	6
7회	127	254	247	7
8회	255	510	502	8
9회	511	1022	1023	9
10회	1023	2046	2036	10

마틴게일 변형법

마틴게일 시스템을 사용하면 분명히 카지노에서 돈을 벌 수 있다. 카지노도 그것을 알고 있다. 그래서 카지노는 게임에서 베팅 한도를 규정한다. 마카오 카지노에서는 테이블에 따라 베팅 한도를 약 천만 원, 오백만 원 등으로 규정하고 그 이상의 베팅을 못하게 하고 있었다. 마카오 카지노만이 아니라 전 세계 모든 카지노에서 이런 베팅 한도를 두고 있다. 카지노에서 베팅 한도를 두는 이유는 고객들이 너무 큰돈을 베팅해서 잃을까 걱정해서가 아니다. 카지노는 고객들이 큰돈을 베팅할수록 좋아한다. 그럼에도 베팅 한도를 두는 이유는 바로 이 마틴게일 베팅 전략을 사용하는 것을 방지하기 위해서다.

고객이 1억 원이 넘는 돈을 가져와서 만 원, 2만 원, 4만 원, 8만 원 식으로 계속 베팅을 하면 카지노는 분명히 돈을 잃는다. 그래서 천만 원 정도까지만 베팅을 할 수 있도록 한다. 마틴게일 전략을 열 번 정도까지만 사용할 수 있게 한다. 이 정도로만 해도 충분하다고 생각한 것이다. 고객이 마틴게일 방법을 이용해서 돈을 좀 벌어갈 수는 있지만, 열 번 이상 小가 계속 나와 천만 원을 한 번에 잃는 사람도 있으니 카지노 측에서는 별 문제가 없다.

최의 전략

카지노에서 돈을 벌 수 있는 전략으로 최의 전략(Choi's Strategy)이라는 것이 있다. 카지노 딜러로 20년간 근무해온 사람이 자기 경험을 바탕으로 카지노 게임 전략을 만들었다. 최의 전략에서 주로 대상으로 한 게임은 두 가지다. 하나는 블랙잭, 그리고 또 하나는 룰렛이다. 룰렛 중에서도 3배 배당금을 주는 1~12, 13~24, 25~36 베팅이나, 3으로 나누는 열 중심의 COLUMN 아웃사이드 베팅이다.

블랙잭은 앞에서 살펴본 것처럼 무엇보다 딜러를 죽이는 것이 최선이다. 딜러의 숫자가 21을 넘게 만들어서 딜러가 죽고, 게이머들 모두가 이기는 편이 최상이다. 그런데 딜러가 카드를 더 받느냐 마느냐는 규칙으로 정해져 있다. 딜러 카드의 숫자가 16 이하이면 무조건 카드를 더 받는다. 숫자가 17~21 사이에 있으면 그것으로 마무리하고, 게이머의 숫자가 더 높은지, 딜러의 숫자가 더 높은지 승부를 가린다. 딜러는 15, 16의 높은 숫자라도 무조건 카드를 받아야 하고, 이때 7 이상의 숫자가 나오면 21을 넘어서 아웃이 된다. 즉 딜러는 필연적으로 어느 정도는 21을 넘어서 아웃이 될 수밖에 없다.

최의 전략에서는 딜러가 4번 연속해서 21을 넘지 않은 경우, 그 때부터 본격적으로 베팅을 시작한다. 딜러의 카드는 21을 넘을 수도 있고 안 넘을 수도 있지만 적지 않은 확률로 21을 넘는다. 그런데 4번 연속으로 딜러의 카드가 21을 넘지 않았다면 확률적으로 볼 때 앞으로는 딜러의 카드가 21을 넘길 가능성이 크다. 이때부터 베팅을 하기 시작한다.

여기에서 중요한 것은 내 카드가 절대로 21을 넘기면 안 된다. 내가 21을 넘기면 딜러보다 먼저 죽게 되고, 그다음에 딜러가 21을 넘겨도 소용이 없어진다. 내 카드는 절대로 21이 넘지 않게 카드를 받는다. 내 숫자의 합이 12이면 그다음에 1~9까지의 숫자가 나와도 22가 되지 않기 때문에 보통은 카드를 받는다. 하지만 10, J, Q, K 4장이 나오면 22가 되어 죽는다. 4/13으로 낮은 확률이기는 하지만 그래도 카드를 받지 않는다. 내가 21을 넘지 않고 살아 있으면서 딜러가 21을 넘겨 죽기를 기다린다.

우선 만 원을 베팅한다. 그런데 딜러가 21을 넘지 않은 채 이겼다. 그 뒤 5회 연속으로 딜러가 죽지 않았다. 그러면 3만 원을 베팅한다. 이번에 딜러가 21을 넘어서 죽으면 3만 원을 딴다. 앞에서 만 원을 잃었으니, 2만 원 이익이다. 그런데 이번에도 딜러가 21을 넘지 않고 또 이겼다고 하자. 6회 연속으로 딜러가 죽지 않은 경우이다. 그러면 다음에는 7만 원을 베팅한다. 1-3-7-15-31 식으로 베팅을 한다. 언젠가는 딜러가 21을 넘어서 죽는다. 그 때를 기다리면서 베팅의 금액을 올린다.

눈치 챘겠지만, 1-3-7-15-31 베팅은 앞에서 말한 마틴게일 변형법이다. 원래 마틴게일 베팅은 1-2-4-8-16으로 나가는데 이러면 언제 이기든 만 원만 벌 수 있다. 그런데 1-3-7-15-31으로 베팅하면 첫 번째에 이기면 만 원, 두 번째 판에 이기면 2만 원, 3번째 판에 이기면 3만 원 식으로 수익이 증대된다. 더 나중에 이기면 그만큼 더 이익이 커진다.

딜러는 언젠가 21을 넘어 죽는다. 그때까지 나는 절대 죽지 않도록 노력하고 베팅액을 계속 올려가면서 때를 기다린다. 이때 딜러가 10회 연속으로 죽지 않으면 베팅액이 2천만 원 이상까지 올라간다. 그럴 수도 있기는 하지만, 확률은 굉장히 낮다. 대부분은 이익을 얻을 수 있다.

최의 다른 전략은 룰렛에서 3배 게임에 베팅하는 것이다. 1~12, 13~24, 25~36에 베팅한다고 하면, 계속해서 1~12에만 베팅하는 것이다. 1~12가 나와서 이길 때까지 계속 베팅한다. 처음에 만 원을 1~12에 베팅한다. 이길 확률은 1/3, 질 확률은 2/3이다. 이기면 다시 1~12에 만 원을 베팅하고, 지면 1~12에 2만 원을 베팅한다. 또 지면 1~12에 3만 원을 베팅하고, 또 지면 1~12에 4만 원을 베팅한다. 나올 때까지 계속해서 금액을 올려서 베팅을 한다.

기본적으로는 마틴게일 전략과 동일하다. 차이점은 마틴게일보다 더 오랜 시간을 버틸 수 있고, 투여 금액이 적다는 것이다. 하지만 사실 확률적으로는 비슷하다.

마틴게일 베팅법에서의 투자금과 마팅게일 변형법인 최의 전략에서의 투자금, 확률을 비교하면 다음과 같다.

회차	마틴게일	손실 확률	최의 전략 (룰렛 COLUMN 베팅)	손실 확률
1회	1	50%	1	66.66%
2회	2	25%	1	44.44%
3회	4	12.5%	1.4	29.63%
4회	8	6.25%	2.2	19.75%
5회	16	3.125%	3.4	13.17%
6회	32	1.563%	5.2	8.78%
7회	64	0.781%	8	5.85%
8회	128	0.391%	12	3.90%
9회	256	0.195%	18	2.60%
10회	512	0.098%	27	1.73%
11회	1024	0.049%	41	1.16%

마틴게일과 최의 전략 비교

1/2 게임인 빨강-검정 게임에서 7번 연속해서 빨강이 나올 확률은 0.781%이다. 1/3 게임에서 1~12가 열 번 동안 나오지 않을 확률은 1.73%이고, 열한 번 동안 1~12 숫자가 나오지 않을 확률은 1.16%이다. 마틴게일은 여섯 번째 베팅할 수 있다면 1/3 게임에서

는 10~11번째까지 베팅할 수 있다는 점에서 차이가 있는데, 확률을 기준으로 하면 동일한 방법이다.

최의 전략에서는 게임 수가 증가될수록 베팅액이 커져야 한다. 최의 전략에서 추천하는 것은 천만 원 이상의 돈을 들고 카지노에 가는 것이다. 그래야 최의 전략에 따른 베팅을 제대로 할 수 있다. 이 자금을 가지고 카지노에서 최의 전략대로 하면 1시간에 10만 원 정도를 딸 수 있다. 그 정도를 벌고 자리에서 일어나는 것을 추천한다. 만약 블랙잭에서 딜러가 죽지 않은 채로 10게임 이상 진행되면 게이머는 망한다. 1/3 게임에서 17번 넘게 숫자가 나오지 않으면 망한다. 그럴 확률은 굉장히 적지만 그래도 카지노에서 실제 가끔 나온다. 그런 예외적인 상황을 피하기 위해 1~2시간 정도만 카지노에서 게임을 하고 수익을 얻은 다음에 바로 일어설 것을 제안한다.

사실 최의 전략과 내가 쓴 방법은 기본적으로 같은 전략이다. 나도 1/3 게임을 했고, 이때 나는 일곱 번 동안 1~12가 나오지 않았을 때, 여덟 번째부터 베팅을 시작하는 것으로 했다. 빨강-검정의 1/2 게임에서는 다섯 번 나오지 않았을 때부터 베팅을 시작했다. 그때 확률적으로 서로 비슷하기 때문이다.

최의 전략에서는 천만 원이라는 투자금이 있었기 때문에 처음부터 베팅을 해도 됐다. 하지만 나는 200~300만 원밖에 없었다. 처음부터 베팅을 하면 이 돈으로는 베팅이 안 된다. 200~300만 원으로 커버할 수 있는 수준에서 베팅을 시작해야 했기 때문에 일곱 번째 이후부터 베팅을 했다. 또 강원랜드에서는 30만 원 베팅 한도가 있었기에 베팅 한도가 없이 진행되는 외국 카지노를 기준으로 하는 최의 전략을 그대로 사용할 수는 없다.

나는 최의 전략을 알기 전에는 1/2 게임만 했었다. 최의 전략을 알게된 이후로 1/3 게임에도 베팅을 시작했다. 처음부터가 아니라 일곱 번 동안 나오지 않았을 때부터 베팅을 하는 것으로 조정을 했지만, 기본적으로 최의 전략을 이용한 것이다. 하지만 블랙잭 방법은 사용하지 않았다. 블랙잭에서 딜러가 21을 넘겨 죽을 확률이 정확히 얼마인지 나는 계산할 수 없었다. 어쨌든 이런 식의 카지노 전략이 있다. 직접 이용하지 않더라도 알고 있으면 많은 도움이 된다.

나는
카지노에서
투자를
배웠다

초판 1쇄 발행 2019년 6월 12일
초판 2쇄 발행 2021년 5월 28일

지은이	최성락
펴낸이	최용범

편집	김소망, 박호진
디자인	김규림
관리	강은선

펴낸곳	페이퍼로드
출판등록	제10-2427호(2002년 8월 7일)
주소	서울시 동작구 보라매로5가길 7 1322호
이메일	book@paperroad.net
블로그	https://blog.naver.com/paperoad
포스트	https://post.naver.com/paperoad
페이스북	www.facebook.com/paperroadbook
전화	(02)326-0328
팩스	(02)335-0334

ISBN   979-11-967059-1-6 03320